AU

JOUR

LE

JOUR

JEAN SAREIL / *WILLIAM RYDING*

Columbia University   Fairleigh Dickinson University

SECOND EDITION

AU

JOUR

LE

JOUR

A French Review

PRENTICE-HALL, INC., *Englewood Cliffs, New Jersey*

Library of Congress Cataloging in Publication Data

SAREIL, JEAN.
    Au jour le jour; a French review.

    1. French language—Grammar—1950. I. Ryding,
William W., joint author. II. Title.
PC212.S3 1974   448.2′421   73–18083
ISBN 0–13–052977–X

© 1974, 1967 by
PRENTICE-HALL, INC.
Englewood Cliffs, New Jersey

10 9 8 7 6 5 4 3

Printed in the United States of America

PRENTICE-HALL INTERNATIONAL, INC., *London*
PRENTICE-HALL OF AUSTRALIA, PTY. LTD., *Sydney*
PRENTICE-HALL OF CANADA, LTD., *Toronto*
PRENTICE-HALL OF INDIA PRIVATE LIMITED, *New Delhi*
PRENTICE-HALL OF JAPAN, INC., *Tokyo*

Introduction

This second edition, the product of several years of experience with the text, has been simplified by the elimination of structural diagrams and enriched by the addition of a passage from Camus' *La Chute*. It has been refined and improved in many details by the valuable suggestions from colleagues and from students and teachers who have used the book in various places in the United States and Canada.

The primary purpose of this book is to increase the student's control over spoken French, and at the same time to deepen and intensify his response to written French. We accept most of the principles of the audio-lingual method: that there is an important difference between learning a language and learning *about* a language; that the primary source of difficulty in learning a new language is the set of habits one has developed in speaking his native language and which predictably and disastrously conflict with the structures of the target language; and that patterned responses covering well-selected sentence types offer one of the most effective means of gaining control over the new language. Since this is a second-year text, we assume that the student already knows the general structure of French. His problem in most cases is not that he doesn't know *enough* grammar, but rather that he doesn't know what to do with what he knows. What he most needs is to go over the areas where the two languages conflict, and insofar as possible eradicate his tendencies to anglicize. Much of what he has learned does not have to be reviewed *as grammar;* thus we have not tried to present a complete review, much less an advanced grammar. We aim quite particularly at the trouble spots, while letting other matters occur naturally and consistently without calling any special attention to them. For example, we use pronouns occasionally before the special problems of the pronoun are taken up directly.

We feel that the selections constitute something of an innovation. We have chosen literary pieces because we wanted materials capable of seriously engaging the student's interest and intelligence. The more bored he is, the less he is likely to learn. The audio-lingual methods, alas, are based on repetition, and boredom is one of the unpleasant consequences of their use. One way we can counter this tendency is to take advantage of the fact that there is much literary material in French that is characterized by simplicity and clarity, by vocabulary of a general rather than a specialized nature, and that is addressed to the intellect and wit of adult human beings—material, in other words, ideally suited for pedagogical purposes. We have chosen only texts short enough to be dealt with thoroughly in a single class hour. The texts contain sentences entirely suitable for use in grammatical exercises through transformations of their structures, although we have not hesitated to devise occasional sentences to illustrate particular points. The texts also offer substance for free discussion of content, structure, and style. Our aim has been to provide the ideal mixture of literary stimulation compatible with grammatical rigor, of fixed and free elements, so that this book might effectively function as a transition from the language to the literature course.

There are thirteen lessons, each designed for a week's work. The exercises should be prepared outside, then handled orally in class, with books closed, except in the case of a few exercises complex enough to justify open-book work. As a rule, we have tried to keep the sentences as brief and simple as naturalness and good French will allow. At the end of each chapter we have added a translation theme that can be used to test how well the student has mastered the points covered in the text.

One further word: we make no mention of phonetics in this text, because we feel that at this stage theoretical considerations are of little help to the student. Constant work with the laboratory materials, correction by the teacher, and attentive listening to what the student hears are the best ways of dealing with the problems of pronunciation.

J. S. / W. R.

Acknowledgments

Permission to reprint the following stories in this book is gratefully acknowledged to:

ANDRÉ MAUROIS, for "La Cathédrale" and "La Carte postale".

EDITIONS GALLIMARD (Paris), for "En famille" from *Propos sur le bonheur* by Alain; excerpt from *La Chute* by Albert Camus; "Particulier" from *Le Fond et la forme* by Jean Dutourd; and "Un Homme paisible" from *L'Espace du dedans* by Henri Michaux (all works mentioned © Editions Gallimard).

EDITIONS STOCK (Paris), for "L'œuvre du sixième jour" by Marie Noël.

SOCIÉTÉ DES GENS DE LETTRES DE FRANCE (Paris), for "Pourquoi je n'écris pas de romans" by Rodolphe Bringer.

Contents

AU

JOUR

LE

JOUR

I

André Maurois

La Cathédrale

En 18— un étudiant s'arrêta, rue Saint-Honoré, devant la vitrine d'un marchand de tableaux. Dans cette vitrine était exposée une toile de Manet:[1] *la Cathédrale de Chartres*.[2] Manet n'était alors admiré que par quelques amateurs, mais le passant avait le goût juste; la beauté de cette peinture l'enchanta. Plusieurs jours il revint pour la voir. Enfin, il osa entrer et en demanda le prix. 5

—Ma foi, dit le marchand, elle est ici depuis longtemps. Pour deux mille francs, je vous la céderai.

L'étudiant ne possédait pas cette somme, mais il appartenait à une famille provinciale qui n'était pas sans fortune. Un de ses oncles, quand il était parti pour Paris, lui avait dit: «Je sais ce qu'est la vie d'un jeune homme. En cas de besoin 10 urgent, écris-moi.» Il demanda au marchand de ne pas vendre la toile avant huit jours et il écrivit à son oncle.

Ce jeune homme avait à Paris une maîtresse qui, mariée avec un homme plus âgé qu'elle, s'ennuyait. Elle était un peu vulgaire, assez sotte et fort jolie. Le soir du jour où le jeune homme avait demandé le prix de *la Cathédrale*, cette 15 femme lui dit:

—J'attends demain la visite d'une amie de pension qui arrive de Toulon[3] pour me voir. Mon mari n'a pas le temps de sortir avec nous; je compte sur vous.

ANDRÉ MAUROIS (1885–1967) est un auteur contemporain qui doit sa célébrité à un grand nombre de romans et de nouvelles, à la fois psychologiques et ironiques, et surtout à ses biographies d'écrivains et d'hommes d'état français et anglais. Celles-ci ont remporté le plus vif succès par une heureuse combinaison d'érudition et de talent littéraire.

[1] **Manet:** Edouard (1832–1883), French impressionist painter.

[2] **Chartres:** city in northern France, not far from Paris, site of an important thirteenth-century Gothic cathedral.

[3] **Toulon:** military and commercial port on the Mediterranean coast.

L'amie arriva le lendemain. Elle était elle-même accompagnée d'une autre. L'étudiant dut,[4] pendant plusieurs jours, promener ces trois femmes dans Paris. Comme il payait repas, fiacres et spectacles, assez vite son mois[5] y passa. Il emprunta de l'argent à un camarade et commençait à être inquiet quand il reçut
5 une lettre de son oncle. Elle contenait deux mille francs. Ce fut un grand soulagement. Il paya ses dettes et fit un cadeau à sa maîtresse. Un collectionneur acheta *la Cathédrale* et, beaucoup plus tard, légua ses tableaux au Louvre.

Maintenant l'étudiant est devenu un vieil et célèbre écrivain. Son cœur est resté jeune. Il s'arrête encore, tout ému, devant un paysage ou devant une
10 femme. Souvent dans la rue, en sortant de chez lui, il rencontre une dame âgée qui habite la maison voisine. Cette dame est son ancienne maîtresse. Son visage est déformé par la graisse; ses yeux, qui furent beaux, soulignés par des poches; sa lèvre surmontée par des poils gris. Elle marche avec difficulté et l'on imagine ses jambes molles. L'écrivain la salue mais ne s'arrête pas, car il la sait méchante et
15 il lui déplaît de penser qu'il l'a aimée.

Quelquefois il entre au Louvre et monte jusqu'à la salle où est exposée *la Cathédrale*. Il la regarde longtemps, et soupire.

QUESTIONS

1. Pourquoi l'étudiant s'arrête-t-il devant la vitrine du marchand?
2. Pourquoi la toile est-elle depuis longtemps chez le marchand?
3. Pour quelle raison le marchand veut-il bien céder la toile pour deux mille francs?
4. Quelle était la situation financière de la famille de l'étudiant?
5. Pourquoi la maîtresse de l'étudiant s'ennuyait-elle?
6. Comment est-elle décrite?
7. Pourquoi le jeune homme a-t-il été obligé de sortir avec sa maîtresse et ses amies à elle?
8. Que fait-il de l'argent de son oncle?
9. Qu'est devenu, dans l'histoire, le tableau de Manet?
10. Qu'est devenu l'étudiant maintenant?
11. Que fait l'auteur quand il rencontre son ancienne maîtresse?
12. Que doit faire l'auteur pour voir maintenant le tableau de Manet?
13. Comment expliquez-vous les soupirs qu'il pousse devant le tableau de Manet?

---

[4] **dut:** (simple past of *devoir*), had to.
[5] **son mois:** his monthly allowance.

QUESTIONS FACULTATIVES*

1. Les trois premiers paragraphes décrivent le tableau d'un peintre célèbre. Quelle idée l'auteur essaie-t-il de donner de cette peinture, de son prix, de l'occasion qui s'offre au jeune amateur?

2. Pourquoi la maîtresse est-elle décrite si brièvement et en des termes si peu flatteurs?

3. L'absence de détail sur la façon dont le jeune homme a dépensé son argent laisse croire qu'il n'y a pas éprouvé beaucoup de plaisir. Pourquoi l'auteur veut-il donner cette impression?

4. Pourquoi la maîtresse âgée est-elle plus longuement décrite que la maîtresse jeune?

5. Toute l'histoire est construite sur l'opposition entre la femme et le tableau. Quel est le sens de cette opposition?

---

* The *Questions facultatives* are intended for optional use by students particularly concerned with problems of literary structure and textual analysis.

THE COMPOUND PAST

§1. The compound past (*passé composé*) is the tense used in conversation to describe simple past action.[1] It is made up of the present tense of the auxiliary verb and a past participle:

Il a demandé le prix du tableau.

The *passé composé* corresponds to two different past tenses in English: the simple past (He *asked* the price of the painting) and the present perfect (He *has asked* the price of the painting), to the latter of which it is structurally parallel. The distinction between these two past tenses is not made in spoken French.

With most verbs the auxiliary verb is the appropriate form of **avoir**.

Il a légué ses tableaux au Louvre.	He $\begin{cases} left \\ has\ left \end{cases}$ his paintings to the Louvre.
Nous **avons acheté** la peinture.	We $\begin{cases} bought \\ have\ bought \end{cases}$ the painting.
Ils ont osé entrer.	They $\begin{cases} dared \\ have\ dared \end{cases}$ to enter.

EXERCICE

Mettez les phrases suivantes au passé composé.

1. On expose les toiles de Manet.
2. Nous admirons ses toiles.
3. Vous demandez le prix du tableau?
4. Ils cèdent la toile pour deux mille francs.
5. Tu oses entrer?
6. Il prie le marchand de ne pas vendre la toile.

---

[1] In literary pieces, however, the *passé simple* (simple past) is used (*il demanda, il acheta*, etc.). In conversation, only the compound past will do, the literary form being considered pretentious and pedantic. Still for reading purposes you need to be able to recognize *passé simple* forms. Those you are most likely to encounter are the singular and plural of the third person. For regular verbs these are: **parler:** *il parla, ils parlèrent;* **finir:** *il finit, ils finirent;* **répondre:** *il répondit, ils répondirent.* Irregular verbs are generally derived from the past participle: **avoir** (*eu*): *il eut, ils eurent;* **devoir** (*dû*): *il dut, ils durent;* **prendre** (*pris*): *il prit, ils prirent.* Two important exceptions are the irregular verbs **être:** *il fut, ils furent;* and **faire:** *il fit, ils firent.* See Appendix for a full presentation of the forms of the regular and irregular verbs in the simple past.

7. J'écris à mon oncle.
8. Je dois promener ces femmes dans Paris.
9. Vous empruntez de l'argent.
10. Sa beauté enchante le jeune étudiant.

§2. Particularly treacherous for the English-speaking student are the verbs that require **être** as an auxiliary, since this construction no longer occurs in English.[2] In French there is a small group of common verbs that have resisted assimilation to the **avoir** group. They are all *intransitive* when used with **être**,[3] and some of them are commonly referred to as verbs of motion (*aller, venir, partir, arriver, tomber, descendre, monter*). There are, however, verbs of motion (like *courir* and *marcher*) that are conjugated with **avoir**, while some verbs of nonmotion (like *mourir* and *rester*) form their past tenses with **être**.[4]

Il **est revenu** pour la regarder.	*He came back to look at it.*
Vous **êtes devenu** vieux.	*You have become old.*
Nous **sommes partis** pour Paris.	*We left for Paris.*
Elles **sont sorties** avec lui.	*They have gone out with him.*

Note that with these verbs the past participle agrees with the subject:

Elles sont sorties.	**Les hommes** sont arrivés.

EXERCICE

Mettez les phrases suivantes au passé composé.

1. Ils entrent au Louvre.
2. Nous sortons de chez nous.
3. Vos jambes deviennent molles.
4. Je vais au spectacle.
5. Je reviens chaque jour pour la regarder.
6. Il monte jusqu'à la salle.

---

2 All intransitive verbs were formerly conjugated with the verb *to be* in English. The usage is now distinctly archaic (Christ *is risen*), except, curiously, with the verb *to go* (he *is gone*, we *will be gone*, etc.).

3 Some of them may be used transitively; when they are, they are conjugated with *avoir*. Only *sortir, descendre, rentrer, monter*, and *retourner* have this "amphibious" character: *Il a sorti un revolver* (He took out a revolver); *Il a descendu les bagages* (He took down the baggage); *Il a retourné la carte* (He turned the card over).

4 The most common verbs conjugated with *être* are *venir, aller, partir, arriver, entrer, sortir, descendre, monter, tomber, rester, mourir, naître, retourner, rentrer, revenir*, and *devenir*.

7. Elle arrive le lendemain.
8. Mon cœur reste jeune.
9. Vous partez à midi.
10. Elle devient vieille.

§3. The *reflexive* verbs also take forms of **être** as the auxiliary in the compound tenses. Since the reflexives are more numerous in French than in English, and since in English even these verbs are formed with the auxiliary *to have* (He *has shot himself*), here again is a linguistic situation in which English patterns will interfere.

Elle **s'est arrêtée** devant le jeune homme.	*She stopped in front of the young man.*
Nous **nous sommes ennuyés** chez elle.	*We got bored at her house.*

For the time being we may say that the agreement of the past participle is with the subject.[5]

EXERCICES

I. *Mettez les phrases suivantes au passé composé.*

1. Nous nous arrêtons devant la vitrine.
2. Je me promène dans la rue.
3. Les deux femmes s'amusent.
4. On s'ennuie dans le musée.
5. Elle se marie avec un homme âgé.
6. Vous vous demandez le prix du tableau?
7. Elles se saluent mais ne s'arrêtent pas.
8. Je me paie fiacres, repas et spectacles.
9. Il s'inquiète pendant quelques jours en attendant la lettre.
10. Vous vous arrêtez trop tard.

II. *Exercice de synthèse. Mettez les phrases suivantes au passé composé.*

1. Il admire la toile.
2. Je viens la regarder.
3. Ils vont au musée.
4. On s'ennuie là-bas.

---

[5] A fuller explanation is given in Chap. IX, §101.

   5. Nous nous arrêtons devant le tableau.
   6. Ils demandent le prix du tableau.
   7. Ils restent jeunes.
   8. Vous devenez ennuyeux.
   9. Ma sœur se marie avec un marchand de tableaux.
  10. Nous achetons le chef-d'œuvre.

§4. Study the following negative sentences for their word order:

Il ne s'est pas arrêté devant son ancienne maîtresse.	*He didn't stop in front of his ex-mistress.*
Elle ne lui a pas cédé la toile.	*She didn't let him have the canvas.*
Elle n'y est jamais allée.	*She has never gone there.*

EXERCICE

Mettez les phrases suivantes au négatif.

   1. Les femmes se sont arrêtées devant la cathédrale.
   2. Je lui ai cédé cette toile.
   3. Nous les avons exposés dans la vitrine.
   4. Ils lui ont emprunté cet argent.
   5. Vous y êtes entré ce jour-là.
   6. Vous vous êtes ennuyé chez le marchand.
   7. Ils sont montés dans son appartement.
   8. Je lui en ai demandé le prix.

§5. Word order in the interrogative pattern involves either the shift of the pronoun subject to a position after the finite verb:

Etes-vous arrivé ?

or the addition of a subject pronoun to a sentence having a noun subject:

André est-il arrivé ?

However, since both the compound past and the reflexive add elements to the word pattern, which can be further complicated by the addition of negative particles, English-speaking students often find these patterns difficult. Look at the following examples:

Lui avez-vous fait un cadeau?	*Did you give him a gift?*
André lui a-t-il fait un cadeau?	*Did Andre give him a gift?*
Vous êtes-vous arrêté pour me saluer?	*Did you stop to greet me?*
Ne lui avez-vous pas demandé le tableau?	*Didn't you ask him for the picture?*
N'avons-nous pas soupiré devant le tableau?	*Didn't we sigh in front of the picture?*

EXERCICE

Mettez les verbes à la forme interrogative.

1. Elle s'est arrêtée devant la vitrine.
2. La beauté du tableau vous a enchanté.
3. Nous lui en avons demandé le prix.
4. Sa maîtresse et ses deux amies sont arrivées de Toulon.
5. Son mari n'a pas eu le temps de sortir avec elles.
6. Nous ne la lui avons pas cédée.
7. Un collectionneur l'a acheté.
8. Son cœur est resté jeune.
9. La beauté de sa maîtresse s'est abîmée. *spoiled*
10. Il a pris la mauvaise décision.

§6. When the auxiliary verb is **avoir**, the past participle agrees with the preceding direct object. Study the following examples:

Voilà **la toile** que nous avons admir**ée**.	*There is the canvas that we admired.*
Les trois femmes? Je **les** ai promen**ées** dans Paris.	*The three women? I took them walking in Paris.*
Les tableaux? Il **les** a légu**és** au Louvre.	*The pictures? He willed them to the Louvre.*
Son ancienne maîtresse? Il lui déplaît de penser qu'il **l'**a aim**ée**.	*His ex-mistress? It displeases him to think that he loved her.*

EXERCICES

I. Répondez affirmativement aux questions suivantes en mettant des pronoms.

MODÈLE: A-t-il vu son amie?
        Oui, il l'a vue.

1. A-t-il rencontré son ancienne maîtresse?

2. Avez-vous regardé la cathédrale?
3. Avons-nous payé nos dettes?
4. Ont-ils légué leurs mémoires à la bibliothèque du collège?
5. Est-ce que j'ai emprunté les deux mille francs?

II. *Transformez les phrases suivantes selon le modèle.*

MODÈLE: Il a promené les trois femmes.
          Voilà les trois femmes qu'il a promenées.

1. Il a regardé les tableaux.
2. Il a reçu une lettre de son oncle.
3. Nous avons rencontré une dame âgée.
4. Vous avez aimé cette méchante personne.
5. Ils ont demandé les tableaux au marchand.
6. J'ai acheté la toile.

§7. You will have noticed that in all the above sentences the agreement of the past participle is *entirely orthographic* in character. You cannot *hear* the difference. There are some verbs, however, that sound different when they agree with feminine preceding objects:

Les **études** que nous avons fai**tes** . . .	*The studies that we have made . . .*
La **décision** que vous avez pri**se** . . .	*The decision that you made . . .*
Les toiles? Il **les** a mi**ses** chez sa mère.	*The canvases? He put them in his mother's house.*

EXERCICE

Transformez les phrases suivantes en mettant des pronoms.

MODÈLE: Vous avez pris les lettres.
          Vous les avez prises.

1. Nous avons acquis la toile.
2. Il a mis les cravates dans le tiroir.
3. Vous avez découvert la vérité.
4. Je lui ai offert les fleurs.
5. Il a compris la leçon.
6. Ils ont traduit les pièces de Racine.
7. Vous avez ouvert la fenêtre.
8. J'ai écrit cette belle étude.

9. Tu as écrit ces lettres.
10. Nous avons construit cette maison.

PROBLÈMES PARTICULIERS

§8. Use of **depuis** with the present tense.

Il **est** ici **depuis** longtemps.   *He **has been** here **for** a long time.*

Here is a conflicting pattern: the French tense is present, the English present perfect. Here are some further examples:

Il **pleut depuis** hier.   *It's **been raining since** yesterday.*
Il **parle depuis** une demi-heure.   *He's **been talking for** a half-hour.*
On **sait** cela **depuis** son départ. *We've **known** that **ever since** he left (**since** his departure).*

EXERCICE

Traduisez en français.
1. I've been here for three days.
2. We've been talking since noon.
3. He's been looking at that painting for an hour.
4. I've been waiting for you since three o'clock.
5. You've known that for a long time.

§9. **A** and **de** with certain verbs.

Il demande **au** marchand **de** ne pas   *He asks the dealer not to sell the*
vendre la toile.   *canvas.*

The difficulty here is in the French use of prepositions. The conflict between the two patterns can to some extent be generalized. Look at the following examples:

Il dit **à** son père **de** ne pas vendre la   *He tells his father not to sell the farm.*
ferme.

Il conseille **à** son fils **de** ne pas aban- *He advises his son not to drop out of*
donner ses études.   *school (abandon his studies).*

Il ordonne **aux** femmes **de** s'occuper   *He orders the women to take care of*
de la maison.   *the house.*

You will notice that the French sentences are parallel in form, as are the English sentences. The presence of the prepositions **à** and **de** constitutes the fundamental difference between the two patterns.

EXERCICES

I. Répondez affirmativement.

1. A-t-il demandé au marchand de garder la toile?
2. Est-ce que son oncle lui a conseillé d'acheter la toile?
3. A-t-elle demandé à son ami de sortir avec elle?
4. Avez-vous conseillé à l'étudiant de ne pas aller à Toulon?
5. Avez-vous ordonné au marchand de payer ses dettes?
6. A-t-il dit à son amie de payer le spectacle?
7. Est-ce qu'il vous a dit de lui écrire une lettre?

II. Traduisez en français.

1. I asked my mother not to write the book.
2. They advised my brother to stay home.
3. His uncle told him to buy the painting.
4. His mother ordered him to eat the meal.
5. His teacher advised him to choose a career.
6. We told the students to get out.

§10. Inherent prepositions: French *versus* English.

Il **payait** repas, fiacres et spectacles.   *He **paid for** the meals, cabs, and*
entertainment.

Notice that the verb *payer* takes a direct object in French, while in English we use the preposition *for* before the object. Naturally we tend to want to transfer the use of the preposition into French. Since there are several commonly used verbs of which the same thing is true, we have to be careful. Let us look at some more examples:

Il **regarde** la peinture.   *He **looks at** the painting.*
Je **cherche** mon oncle.   *I'm **looking for** my uncle.*

Elle **attend** un taxi depuis quinze minutes.	*She's been **waiting for** a taxi for fifteen minutes.*
Il **a demandé** deux mille francs.	*He **asked for** two thousand francs.*

EXERCICE

Traduisez en français.

1. We looked for the cathedral.
2. You've been looking for her for a long time.
3. I asked for my hat.
4. They asked me for my opinion.
5. He is waiting for the letter from his uncle.
6. I'm going to pay for the tickets.

§11. *A = from.*

Il emprunta de l'argent **à** un camarade.	*He borrowed some money **from** a friend.*

In this sentence the French preposition **à** corresponds curiously with the English preposition *from*. Since the two are generally opposite in meaning, this is a situation that can cause trouble. The same thing occurs in French with most verbs involving the notion of *taking* something *from* someone. Look at the following examples:

Il a volé de l'argent **à** son patron.	*He stole money **from** his boss.*
Nous avons arraché le paquet **à** l'agent.	*We snatched the package **from** the policeman.*
Avez-vous pris les bonbons **aux** enfants?	*Did you take the candy **from** the children?*

EXERCICE

Traduisez en français.

1. He borrowed cigarettes from his friends.
2. He stole the painting from Mrs. Dupont.
3. We took the books from the poet.
4. We snatched the letter from Mrs. Turbère.

THÈME

One day, I stopped[1] in front of the display window of an art dealer. I saw a painting that delighted me. It was a Matisse, but the artist was not yet famous at that time. I came back to look at it several times. Finally I went in and asked the price of it. The dealer said: "I've had this painting for a long time. If you want it, I'll let you have it for 500 francs." I told him to keep it one week. I wrote a letter to my brother and explained to him why I needed money. Two days later, I received the money and I bought the painting. It's been in my personal collection for years. I've never regretted that purchase.

---

[1] Use the *passé composé*. You will not be expected to use literary tenses, like the *passé simple*, in this book.

II

Rodolphe Bringer

Pourquoi je n'écris pas de romans

Quelques personnes m'ayant fait le grand honneur de me demander pourquoi je n'écrivais pas de romans comme tout le monde, je leur dois une franche et loyale explication.

Je n'écris pas de romans parce que j'ai l'âme trop sensible[1] et un commencement de maladie de cœur.

Voilà la vérité.

J'ai essayé, j'ai loyalement essayé: je n'ai jamais pu arriver jusqu'au bout de ma besogne.

Au début, cela allait bien encore; comme un autre, je savais camper une héroïne charmante, trop charmante même, car, dès la sixième page, je commençais à m'en éprendre, et pas plus tard que le troisième chapitre j'en étais amoureux fou.[2]

Alors, il m'était complètement désagréable de lui faire épouser le jeune héros

---

RODOLPHE BRINGER (1869–1943) est un auteur humoriste qui a écrit de nombreuses revues avant et après la première guerre mondiale. Plus de cent romans, des nouvelles, des contes, des chroniques, des pièces de théâtre, des revues de chansonnier, jusqu'à des articles sportifs, tous placés sous le signe du comique, marquent la carrière de cet écrivain et rendent plus amusante encore l'idée exprimée dans le titre de cette fantaisie: «Pourquoi je n'écris pas de romans».

[1] **sensible:** sensitive.

[2] **j'en étais amoureux fou:** I was madly in love with her.

de mon roman; j'étais jaloux du jeune héros de mon roman, et mon héroïne demeurait éternellement fille.[3] Ne pouvant se terminer congrûment par un mariage, mon roman était dès lors dénué de toute espèce d'intérêt.

Un ami me conseilla d'essayer du roman policier où l'amour ne joue qu'un 5 rôle secondaire et épisodique.

Je le tentai, mais ce fut une terrible épreuve.

Immanquablement je finissais par m'intéresser au criminel que je mettais en scène et que je savais bien, en mon for intérieur,[4] innocent de tous les crimes que je lui avais prêtés et dont j'étais, en somme, le seul auteur.

10   Alors, c'était pour moi un véritable cas de conscience de le faire se défiler chaque fois que le général policier, avec des ruses d'Apache, allait lui mettre la main au collet.[5] Dans ces conditions, le général policier, toujours bredouille, avait l'air d'un véritable crétin, et l'aventure, de ce fait, se trouvait également dénuée d'intérêt.

15   On me dit:

—Ecrivez donc un roman d'aventures . . .

Ce fut une catastrophe!

Chaque fois que ma jeune fille persécutée se trouvait dans une situation fâcheuse, j'en éprouvais de telles palpitations de cœur que, pour calmer ces 20 terribles souffrances, je me hâtais de la tirer de ce mauvais pas. Le traître finissait par me faire peur à moi-même, et il m'inspirait, d'autre part, un tel dégoût que je me dépêchais de m'en débarrasser par les moyens les plus rapides, et, pitoyable pour mon héroïne, je lui faisais retrouver sa famille millionnaire dès le second chapitre de mon histoire.

25   Dans ces conditions, ce n'était réellement pas la peine de continuer.

Il y avait bien le roman historique.

Je ne l'abordai point.

Je me connais: j'aurais trouvé le moyen de faire échapper Henri IV[6] au couteau de Ravaillac, et, au lieu de faire brûler Jeanne d'Arc à Rouen, je lui 30 eusse fait épouser La Hire, Xaintrailles[7] ou quelque autre joyeux garçon. Et alors, de ma vie, je n'eusse plus osé serrer la main à M. Lavisse.[8]

---

[3] **fille:** unmarried.

[4] **en mon for intérieur:** deep in my heart.

[5] **chaque fois . . . au collet:** every time the police inspector, with Apache cunning, was about to grab him by the collar.

[6] **Henri IV:** (1553–1610), the most popular of the French kings, assassinated by Ravaillac.

[7] **je lui eusse . . . Xaintrailles:** I would have had her marry La Hire, Xaintrailles. The pluperfect subjunctive is used here as a literary substitute for the conditional perfect. In conversation, one would say rather: Je lui *aurais* fait épouser etc. La Hire and Xaintrailles were French soldiers, comrades-in-arms of Joan of Arc.

[8] **je n'eusse plus osé . . . M. Lavisse:** I would never again have dared to shake the hand of M. Lavisse. Again the use of the pluperfect subjunctive for the conditional perfect. Ernest Lavisse (1842–1922), was a distinguished French historian and professor at the Sorbonne.

Vous avouerez que, pour un romancier comme moi, honorablement connu sur le marché, c'est là une bien triste situation.

J'en ai depuis longtemps pris mon parti; le sort en est jeté;[9] je n'écrirai jamais de romans, de contes, de nouvelles ou tous autres ouvrages d'imagination.

Heureusement que l'on peut être un parfait honnête homme de lettres et ne 5 jamais écrire une ligne.

QUESTIONS

1. Pourquoi l'auteur n'écrit-il pas de romans?
2. Pourquoi n'a-t-il jamais pu arriver jusqu'au bout de ses romans d'amour?
3. Pourquoi un ami lui a-t-il conseillé d'essayer d'écrire un roman policier?
4. Quels sentiments l'auteur finissait-il toujours par avoir pour son criminel?
5. En quel sens le criminel était-il toujours parfaitement innocent?
6. Quel était le caractère du général policier? Pourquoi?
7. Pourquoi l'auteur trouvait-il le roman d'aventures difficile à écrire?
8. Quelle était sa réaction chaque fois que la jeune fille persécutée se trouvait dans une situation fâcheuse?
9. Quels sentiments éprouvait-il pour le traître?
10. Pourquoi l'héroïne retrouvait-elle sa famille millionnaire dès le second chapitre?
11. Pourquoi l'auteur n'a-t-il pas essayé le roman historique?
12. Comment l'auteur se console-t-il de ne jamais écrire d'ouvrages d'imagination?

QUESTIONS FACULTATIVES

1. Comment l'auteur fait-il comprendre dès le premier paragraphe qu'il considère le roman comme un genre peu sérieux?
2. Le morceau consiste en une série d'explications humoristiques de l'insuccès de l'auteur. Quels sont les effets comiques les plus heureux?
3. Montrez comment l'auteur, tout en se moquant de lui-même, arrive à se moquer également des conventions du genre romanesque.
4. Quelle est l'attitude de l'auteur envers M. Lavisse? Y a-t-il ici encore une pointe d'ironie?
5. Comment entendez-vous le dernier paragraphe? Peut-on vraiment être un homme de lettres sans écrire une ligne?

---

[9] **le sort en est jeté:** the die is cast.

THE IMPERFECT

§12. In addition to the compound past there is another past tense available to speakers of French, the imperfect (*imparfait*). Its forms are predictable from the stem of the <u>first person plural</u> of the present tense:

nous **d**onnons, nous **finiss**ons, nous **rend**ons, nous **pren**ons, nous **écriv**ons, nous **av**ons, nous **dev**ons, nous **fais**ons, nous **sav**ons, etc.

To this stem are added the imperfect endings:

je donn	**ais**		je dev	**ais**	
tu donn	**ais**		tu dev	**ais**	
il donn	**ait**		il dev	**ait**	
ils donn	**aient**		ils dev	**aient**	
nous donn	**ions**		nous dev	**ions**	
vous donn	**iez**		vous dev	**iez**	

The only exception is the verb **être; nous sommes,** but **j'étais, tu étais,** etc.

EXERCICES

I. Mettez les phrases suivantes à l'imparfait.

1. Nous n'écrivons pas de romans.
2. Nous vous faisons ce grand honneur.
3. Nous avons l'âme trop sensible.
4. Nous vous devons une franche explication.
5. Nous allons bien.
6. Nous savons camper une héroïne charmante.
7. Il est jaloux du jeune héros.
8. Je finis par m'intéresser au criminel.
9. Le policier a l'air d'un véritable crétin.
10. Vous éprouvez des palpitations de cœur.
11. On se dépêche de s'en débarrasser.
12. Ce n'est pas la peine de continuer.
13. Il me sait innocent.
14. Je connais mes faiblesses.

II. Répondez affirmativement aux questions en employant l'imparfait.

1. Quand vous étiez jeune lisiez-vous des romans d'amour?
2. Est-ce que vous deveniez jaloux du jeune héros?
3. Vouliez-vous que l'héroïne reste éternellement fille?
4. Quand vous lisiez des romans policiers, finissiez-vous par vous intéresser au criminel?
5. Trouviez-vous peu sympathique le policier?
6. Aviez-vous peur quand la police allait arrêter le criminel?
7. Aviez-vous envie de voir le criminel échapper à la police?
8. A l'âge de quatorze ans, aimiez-vous les romans d'aventures?
9. Eprouviez-vous des palpitations de cœur lorsque l'héroïne se trouvait dans une situation fâcheuse?
10. Est-ce que vous désiriez la tirer de ce mauvais pas?
11. Est-ce que le traître vous faisait peur?
12. Lisiez-vous parfois des romans historiques?
13. Eprouviez-vous le désir de changer le cours de l'histoire lorsqu'il s'agissait d'événements particulièrement décourageants?
14. Aviez-vous envie d'écrire des romans?

§13. The fundamental implication of the imperfect is some sort of *duration* in the past. Unfortunately, this is not always easy to define, since all actions have *some* duration. Still there are some uses of the imperfect that are reasonably easy to recognize and define. In the selection above, for example, the author writes: *Je finissais par m'intéresser au criminel.* By using the imperfect tense he implies that he had tried several times to write such a book and that each time he had come to take a personal interest in the criminal. If, on the other hand, he had chosen to write: *J'ai fini par m'intéresser au criminel,* then we would understand that he wrote one such book and that at a particular point in the past he began to take a personal interest in his criminal character.

In these cases the compound past thus implies a single happening, while the imperfect implies habitual or repeated action.[1] The compound past is *punctual,* the imperfect *extensional.* A common English equivalent for this sense of the imperfect is *used to* (occasionally *would*) followed by the verb. As a rule, any time *used to* + verb gives a satisfactory rendering in English, the French verb should be in the imperfect;

| **I *used to* write novels.** | J'écriv**ais** des romans. |

---

[1] The distinction is not always made in English. Both sentences could be put into English as "I came to take a personal interest in the criminal" and only the context would make clear whether we were concerned with one or several attempts to write a detective story.

The *past progressive* forms in English are also equivalent to the imperfect:

Il pleuv**ait**.	*It **was** rain**ing**.*
Je chant**ais**.	*I **was** sing**ing**.*
Nous part**ions**.	*We **were** leav**ing**.*

A very common type of sentence, one that generalizes the difference between the imperfect and the compound past, shows one action as *going on* while the other *happened:*

Je **finissais** mon roman **quand** il **est entré**.	*I **was finishing** my novel **when** he came in.*

An ambiguous situation arises when the verb is in a simple past form in English (It *rained* every day; In those days I *walked* on air). In these cases you must depend on your experience and judgment as to the quality of duration and continuity implied.

EXERCICE

Traduisez les phrases suivantes en employant l'imparfait ou le passé composé selon le sens.

1. Last year I wrote a novel.
2. I used to read a lot.
3. Were you speaking to me?
4. He was finishing his work when they arrived.
5. It was cold when we left this morning.
6. When they were young they liked love stories.
7. The sun was shining when I met her.
8. She was shaking hands with M. Lavisse when it happened.
9. He used to inspire a certain disgust in me.
10. I always ended (up) by falling in love with my heroines.

§14. If the verb is one that does not imply action or event, it usually occurs in the imperfect rather than in the compound past:

L'inspecteur de police **avait** l'air d'un crétin.	*The police inspector looked like an idiot.*
L'histoire **se trouvait** dénuée d'intérêt.	*The story was divested of (any) interest.*
Je **savais** qu'il **était** innocent.	*I knew that he was innocent.*

Verbs in this category include *être, avoir, sembler, paraître, vouloir, savoir, penser, croire, espérer,* and a few others of the same sort. This is not to say that these verbs do not appear in the compound past. They do, but only when what they describe might be understood as an event. For example, *J'avais peur* (I was afraid) implies some duration and continuity, while *J'ai eu peur* (I got scared) implies that at a particular moment the speaker felt the onset of fear. In the same way *Il y avait un hôtel au coin* (There was a hotel on the corner) describes a continuous situation rather than an event, while *Il y a eu un accident* (There was an accident) describes an event rather than a situation.

EXERCICE

Traduisez les phrases suivantes.

1. We knew that you were writing a novel.
2. They thought that you were madly in love with her.
3. I wanted to get rid of him in the fastest way.
4. We owed them a frank explanation.
5. He could see that there was no hope, that there was no point in going on.
6. She knew that I looked like an idiot.
7. I hoped that you were not afraid of me.
8. You looked tired.

§15. In French, the present tense, when used with **depuis**, is equivalent to the English perfect; the imperfect with **depuis** is equivalent to the English pluperfect:

> Le tableau **est** ici **depuis** longtemps.   *The picture **has been** here (**for**) a long time.*
>
> Le tableau **était** ici **depuis** longtemps.   *The picture **had been** here (**for**) a long time.*

EXERCICE

Traduisez en français.

1. I had been madly in love with her for a long time.
2. We had been talking to M. Lavisse for a half hour.
3. He's been writing historical novels for years.

4. You had known him for several months, hadn't you?
5. I've been trying to get rid of him since three o'clock.
6. She had been advising me to leave for days.

§16. The French pluperfect (*plus-que-parfait*), formed from the imperfect forms of **être** and **avoir** plus the past participle, is used to denote actions in the past more remote than would be signified by the compound past or the imperfect. It is, as it were, the past tense of the past tense. In English the pluperfect is formed by the use of *had* plus the past tense of the verb.

Il était innocent des crimes que je lui **avais prêtés**.	*He was innocent of the crimes that I* ***had attributed*** *to him.*
Quand elle est arrivée, j'**étais** déjà **parti**.	*When she arrived, I* ***had*** *already* ***left***.
Vous **aviez fait** cela avant de venir ici.	*You* ***had done*** *that before coming here.*
Il est arrivé à l'heure, car il **s'était dépêché**.	*He arrived on time because he* ***had hurried***.

EXERCICE

Mettez les phrases suivantes au plus-que-parfait.

1. Je commençais à être amoureux d'elle.
2. Un ami me conseilla d'essayer le roman policier.
3. J'étais jaloux de mon jeune héros.
4. Le policier avait l'air d'un crétin.
5. Elle se trouvait dans une situation fâcheuse.
6. J'éprouvais des palpitations de cœur.
7. Nous nous hâtions de la tirer de ce mauvais pas.
8. Il n'a jamais écrit une ligne.
9. Je n'ai pas osé lui serrer la main.
10. Elle est restée éternellement fille.

PROBLÈMES PARTICULIERS

§17. **Faire** + *infinitive*. When an infinitive follows the verb **faire** the construction is said to be *causative*, since the subject, instead of acting directly, causes the action to be done by someone else. Notice the difference between the following pairs of sentences:

Il **construit** la maison.	He **builds** the house.
Il **fait construire** la maison.	He **has** the house **built**.
Il **travaille**.	He **is working**.
Il **fait travailler** les autres.	He **makes** (**has**) the others **work**.

In the reading selection at the beginning of this chapter, the writer knows that the characters in his novels do not act on their own, but that he makes them do the things they do. And so he writes:

Il m'était désagréable de lui **faire épouser** le jeune héros.	It was distasteful to me **to have** her **marry** the young hero.
C'était un cas de conscience de le **faire se défiler**.	It was a matter of conscience **to have** him **get away**.
Je lui **faisais retrouver** sa famille millionnaire.	I **made** her **find** her millionaire family again.
J'aurais trouvé le moyen de **faire échapper** Henri IV.	I would have found the means of **making** Henry IV **escape**.

EXERCICES

I. Transformez les phrases suivantes selon le modèle.

MODÈLE: On a arrêté le criminel.
   J'ai fait arrêter le criminel.

   1. On a menacé l'inspecteur.
   2. On saura la vérité.
   3. On a caché l'argent.
   4. On comprend la difficulté.

II. Continuez selon le modèle suivant.

MODÈLE: Les esclaves travaillent.
   Nous faisons travailler les esclaves.

   1. Les innocents souffrent.
   2. Le masque est tombé.
   3. Les détectives montent dans le taxi.
   4. Les gens riront.
   5. Henri IV a échappé à la mort.

§18. Causative **faire** has several equivalent constructions in English. We may *have* something *done*, *have* someone *do* something, *make* or *cause* something *to happen* or *be done*. Fortunately the matter is much simpler in French. There are really only two cases:

First, sentences with one object, always direct:[2]

Je **ferais échapper** Henri IV.	*I **would have** Henry IV **escape**.*
Je **le ferais échapper**.	*I **would have him escape**.*
Je **fais faire** le travail.	*I'm **having** the work **done**.*
Je **le fais faire**.	*I'm **having it done**.*

EXERCICE

Répétez les phrases suivantes en mettant les pronoms convenables.

MODÈLE: Il fait échapper le criminel.
    Il le fait échapper.

1. Vous faites travailler votre mère?
2. Ils feront comprendre le mécanisme.
3. N'as-tu pas fait réciter la liste?
4. On n'a pas fait venir les agents de police.
5. Voulez-vous faire envoyer ce paquet?
6. Elle fera tomber le masque.
7. Je ferai parler le criminel.

§19. In the second case, there are two objects, one direct and one indirect, regardless of how they may be analyzed in the English sentence.[3]

Je lui **faisais épouser** l'héroïne.	*I had him **marry** the heroine.*
Je **la lui faisais épouser**.	*I had him **marry** her.*
Je **ferai comprendre** mes désirs à mes amis.	*I'll **make** my friends **understand** my desires.*
Je **les leur ferai comprendre**.	*I'll **make them understand them**.*

EXERCICES

I. Répétez les phrases suivantes en mettant les pronoms convenables.

---

[2] This is true even though in English the object may be either the subject of the infinitive (the person who performs the action) or the object of the infinitive (the thing acted upon or done): *Je ferai parler Albert* (I'll make Albert talk); *Je ferai oublier le passé* (I'll make [people] forget the past).

[3] A third possibility, somewhat remote, brings in a third object: My mother has my *aunt* send a *cake* to her *friend*. In this case, we must resort to the use of *par* to introduce the subject of the infinitive: *Ma mère fait envoyer un gâteau à son ami **par** ma tante.*

MODÈLE: Nous avons fait faire les commissions à Georges.
   Nous les lui avons fait faire.

 1. Nous ferons examiner les documents à l'avocat.
 2. Je faisais retrouver sa famille à l'héroïne.
 3. Il a fait comprendre à ses amis la fragilité du bonheur.
 4. Elle me fait connaître l'agonie de l'amour.
 5. Je ferai expliquer le problème au professeur.
 6. Ils ont fait connaître leur intention à leurs amis.

II. *Traduisez en français.*

 1. I'll make my sister buy the painting.
 2. Did you want to have this work done?
 3. Did you make your mother cry?
 4. We're not going to have the packages sent.
 5. He makes all his friends suffer.
 6. I'll have my assistant mail the letter.
 7. She made him go back to work.

§20. **En** followed by the present participle corresponds to English *by*, *while*, or *upon* followed by the present participle:[4]

Il a fait un scandale **en écrivant** cet article.	*He caused a scandal **by writing** that article.*
Il lui parlait **en attendant** l'autobus.	*He talked to her **while waiting** for the bus.*
En entrant dans la chambre il a vu le tableau.	***Upon** entering the room he saw the painting.*

EXERCICE

Traduisez en français.

 1. He stopped upon seeing the painting.
 2. I met them upon leaving the house.
 3. He felt palpitations of the heart while writing the novel.
 4. We learned by studying.
 5. You do me an honor by asking me why I don't write novels.

---

[4] Note that *en* is the only preposition that can be used with the present participle. All other prepositions require the infinitive.

§21. **Finir par** and **commencer par** + infinitive are the equivalents of English *to end* (or *begin*) *by* (*do*)*ing*:

Je **finissais par** m'intéresser au criminel.	*I ended by taking an interest in the criminal.*
Le traître **finissait par me faire** peur à moi-même.	*The villain ended by causing me to be frightened myself.*
Il **a fini par céder**.	*He finally yielded (**ended by yielding**).*
Elle **a commencé par poser** des questions.	*She began by asking questions.*

EXERCICE

Traduisez en français.

1. She finally got interested in me.
2. We shall begin by buying some paintings.
3. Let's begin by telling the truth.
4. He eventually understood the problem.
5. I ended by writing an essay.

THÈME

When I was younger I used to write novels. But it wasn't easy. I was too sensitive and I had heart palpitations when the situations became too dangerous. I used to fall in love with my heroines and my villains disgusted me. I could no longer sleep. I felt sorry for the criminals in my books because I knew that I was guilty: I[1] made them commit the crimes. Consequently I couldn't have them arrested. I was therefore never able to finish my detective stories. I ended up by writing cookbooks. Now I'm on a diet.

---

[1] *C'est moi qui.*

III

Marie Noël

L'œuvre
du sixième jour

Dès que le Chien fut créé, il lécha la main du bon Dieu et le bon Dieu le flatta sur la tête:

«Que veux-tu, Chien?

—Seigneur bon Dieu, je voudrais loger chez toi, au ciel, sur le paillasson devant la porte.   5

—Bien sûr que non! dit le bon Dieu. Je n'ai pas besoin de chien puisque je n'ai pas encore créé les voleurs.

—Quand les créeras-tu, Seigneur?

—Jamais. Je suis fatigué. Voilà cinq jours que je travaille; il est temps que je me repose. Te voilà fait, toi.[1] Chien, ma meilleure création, mon chef-d'œuvre.   10 Mieux vaut m'en tenir là.[2] Il n'est pas bon qu'un artiste se surmène au-delà de son inspiration. Si je continuais à créer, je serais bien capable de rater mon affaire. Va, Chien! Va vite t'installer sur la terre. Va et sois heureux.»

Le Chien poussa un profond soupir:

«Que ferai-je sur la terre, Seigneur?   15

—Tu mangeras, tu boiras, tu croîtras et multiplieras.»

MARIE NOËL est surtout connue par ses poésies, naïves et spiritualistes, marquées par une foi catholique intense et pure qui lui permet quelquefois d'ironiser sur les sujets qu'elle vénère le plus. Elle est morte en 1973 dans la petite ville d'Auxerre, où elle a passé la plus grande partie d'une existence très retirée, sans contacts avec les grands mouvements littéraires de son temps. Elle est aussi l'auteur de nouvelles d'une grande fraîcheur d'inspiration.

[1] **Te voilà fait, toi:** You're already made.

[2] **Mieux vaut . . . là:** I'd better stop right here.

Le Chien soupira plus tristement encore.

«Que te faut-il de plus?

—Toi, Seigneur mon Maître! Ne pourrais-tu pas, toi aussi, t'installer sur la terre?

5 —Non! dit le bon Dieu, non, Chien! Je t'assure. Je ne peux pas du tout m'installer sur la terre pour te tenir compagnie. J'ai bien d'autres chats à fouetter.[3] Ce ciel, ces anges, ces étoiles, je t'assure, c'est tout un tracas.»

Alors le chien baissa la tête et commença à s'en aller. Mais il revint:

«Ah! si seulement, Seigneur bon Dieu, si seulement il y avait là-bas une espèce 10 de maître dans ton genre?

—Non, dit le bon Dieu, il n'y en a pas.»

Le Chien se fit tout petit, tout bas, et supplia plus près encore.

«Impossible, dit le bon Dieu. J'ai fait ce que j'ai fait. Mon œuvre est achevée. Jamais je ne créerai un être meilleur que toi. Si j'en créais un autre aujourd'hui, 15 je le sens dans ma main droite, celui-là serait raté.

—O Seigneur bon Dieu, dit le Chien, ça ne fait rien qu'il soit raté, pourvu que je puisse le suivre partout où il va et me coucher devant lui quand il s'arrête.»

Alors le bon Dieu fut émerveillé d'avoir créé une créature si bonne et il dit au Chien:

20 «Va! qu'il soit fait selon ton cœur.»

Et, rentrant dans son atelier, il créa l'homme.

*   *   *

N.B. L'Homme est raté, naturellement. Le bon Dieu l'avait bien dit. Mais le chien est joliment content.

QUESTIONS

1. Où le chien voudrait-il loger?
2. Pourquoi le bon Dieu n'a-t-il pas besoin de chien?
3. Comment Dieu explique-t-il sa décision de ne plus rien créer?
4. Que veut-il que le chien fasse?
5. Pourquoi le chien répond-il par un soupir?
6. Que lui faudrait-il pour être content?
7. Pourquoi Dieu ne veut-il pas s'installer sur la terre?
8. Quelle solution à son problème le chien envisage-t-il?
9. Quel résultat Dieu prévoit-il s'il continue à créer?
10. Pourquoi le chien trouve-t-il sans importance que l'homme soit raté?
11. Qu'est-ce qui fait décider au bon Dieu de créer l'homme?

---

[3] **J'ai . . . à fouetter:** I have many other fish to fry (*lit.*, cats to whip).

QUESTIONS FACULTATIVES

1. Pourquoi ce dialogue entre un chien et Dieu n'est-il pas irrespectueux?
2. Du point de vue d'un chien, quel est le plus grand moment de la Création, et le plus réussi?
3. Quel est le but de Dieu en créant l'homme si le chien est son chef-d'œuvre?
4. Est-ce dans la conception ou dans la réalisation que se trouve l'erreur qui explique que l'homme a été raté?
5. L'auteur se moque sans méchanceté de l'homme. Où se trouve l'ironie dans le fait que sa création est mentionnée en post-scriptum, comme quelque chose qui se produit après l'histoire même?

THE FUTURE

§22. Future time in French may be expressed in two ways: (1) by using the informal, conversational construction **aller** + infinitive:[1]

> Je vais manger.   *I'm going to eat.*

(2) by using the formal future:

> Je mangerai.   *I will eat.*

The difference in meaning is roughly equivalent to that expressed in English by the *going to* future as opposed to the *shall/will* future.[2]

The future endings are the same for all verbs:

Future stem +			
	ai	je parler	**ai**
	as	tu finir	**as**
	a	il entendr	**a**
	ons	nous devr	**ons**
	ez	vous voudr	**ez**
	ont	ils viendr	**ont**

The stem always contains an *r*. There are two classes of stems: (1) the regular group, based more or less directly on the infinitive:

donner	**donner-**[3]
finir	**finir-**
vendre	**vendr-**
boire	**boir-**
naître	**naîtr-**
etc.	

Note that the mute *e* of verbs ending in *-re* is dropped in the spelling of the future forms: *je vendrai, tu boiras.*

---

[1] In an analogous way, *venir de* + infinitive is equivalent to a past tense: *Je viens de manger* (I have just eaten). But while *venir de* + infinitive always expresses very recent past (that which has *just* happened), *aller* + infinitive can refer to a relatively distant future: *je vais le voir la semaine prochaine* (I'm going to see him next week).

[2] Ignoring, for the moment, the subtleties and complexities in the English use of *shall/will.*

[3] First conjugation verbs with a mute *e* in the stem have a grave accent all through the future (*mener: je mènerai, tu mèneras, il mènera, nous mènerons, vous mènerez, ils mèneront;* if the stem consonant is an *l* or a *t*, it may be doubled (*appeler: j'appellerai, tu appelleras,* etc.; *jeter: je jetterai, tu jetteras,* etc.).

The *e* of the first conjugation infinitives, normally sounded, becomes mute in the future and is dropped in the pronunciation, but not in the spelling: *je donnerai, vous déciderez, il aimera.*[4]

(2) There is also an unpredictable, irregular group consisting of twenty or so common verbs:

aller	ir-	il faut	il faudra
asseoir	assiér-	il pleut	il pleuvra
avoir	aur-	il vaut	il vaudra
devoir	devr-		
envoyer	enverr-		
être	ser-		
faire	fer-		
mourir	mourr-		
pouvoir	pourr-		
savoir	saur-		
tenir	tiendr-		
venir	viendr-		
voir	verr-		
vouloir	voudr-		

EXERCICES

I. Mettez les phrases suivantes au futur.

1. Je n'ai pas besoin de chien.
2. Je fais ce qu'il faut.
3. Il est trop fatigué pour créer les voleurs.
4. Il vaut mieux m'en tenir là.
5. Je suis capable de rater mon affaire.
6. Tu peux t'installer là-bas.
7. Il revient pour supplier encore.
8. Cette décision le rend très triste.
9. Vous voyez ce tableau chez le marchand?
10. Il n'y a pas là-bas de maître dans ton genre.
11. Nous le suivons partout où il va.
12. Vous vous couchez devant lui quand il s'arrête?

II. Transformez les phrases suivantes selon le modèle.

MODÈLE: Je vais descendre.
        Je descendrai.

---

[4] Note, however, that in the case of stems ending in two or more consonant sounds, the *e* has to be pronounced: *je parlerai, tu chercheras,* etc.

1. Le chien va lui lécher la main.
2. Je vais loger chez toi.
3. Le bon Dieu va en finir.
4. Quand allez-vous créer les voleurs?
5. Vous n'allez pas vous surmener.
6. Il va falloir que je me repose.
7. Que vais-je faire sur la terre?
8. Tu vas t'installer là-bas?
9. Il va revenir auprès de son maître.
10. Le bon Dieu va rater son affaire.

III. Transformez les phrases suivantes de manière contraire.

MODÈLE: Vous monterez.
         Vous allez monter.

1. Ils rateront cette affaire.
2. Vous viendrez me chercher plus tard.
3. Nous continuerons à créer des chefs-d'œuvre.
4. Je ne vous tiendrai pas compagnie.
5. Il ne créera jamais un être meilleur que moi.
6. Il se couchera à mes pieds.
7. Ils s'installeront là-bas sur la terre.
8. Je rentrerai dans mon atelier pour achever mon œuvre.
9. Le chien sera bien content.

§23. By contrast with English usage, French generally uses the future tense when there is implied future after conjunctions like *quand, lorsque, dès que, aussitôt que,* etc.

Quand il **viendra,** je lui parlerai.   *When he comes, I'll speak to him.*
Dès que le chien **sera** créé, le bon   *As soon as the dog is created, God*
Dieu se reposera.   *will rest.*

EXERCICE

Traduisez en français les phrases suivantes.

1. When she wants to see me, she'll come.
2. As soon as I know the answer, I'll send you a letter.
3. When he stops, the dog will lie down in front of him.
4. You'll have to (*devoir*) sell the house when I die.

5. As soon as you are dressed, we'll go to church.
6. When he creates thieves, he'll need a dog.
7. When you are on earth, you will eat, drink, and multiply.

THE CONDITIONAL

§24. The conditional tense in French is formed using the same stem as the future. The endings are those of the imperfect:

$$
\text{Future stem } + \quad \begin{vmatrix} \textbf{ais} \\ \textbf{ais} \\ \textbf{ait} \\ \textbf{ions} \\ \textbf{iez} \\ \textbf{aient} \end{vmatrix}
$$

The conditional is used, as in English, to denote a future action after a main verb in the past. This is entirely a matter of tense sequence:

Il a dit qu'il viend**rait**.   *He said he* **would** *come.*
(Note that what he *actually* said was: "I will come.")

EXERCICE

Transformez les phrases suivantes selon le modèle.

MODÈLE: On dit que je ne ferai rien.
        On a dit que je ne ferais rien.

  1. On affirme que vous vous fatiguerez.
  2. Il m'assure qu'il ratera son affaire.
  3. Je te promets que nous nous installerons là-bas.
  4. Vous dites que vous me tiendrez compagnie.
  5. Je vous assure que le chien lui léchera la main.
  6. On dit qu'il n'aura pas besoin de chien.
  7. Je jure que je ne créerai rien de plus beau.
  8. Ils disent qu'ils viendront nous voir.
  9. Il croit que nous serons heureux.
 10. On dit que vous ne pourrez pas continuer.

§25. The conditional also occurs typically in the common two-part sentence consisting of an if-clause and a result clause. This usage is also quite parallel to English:

> **Si** j'étais fatigué, je me repose**rais**.   *If I were tired, I **would** rest.*

In French the sequence calls for the *imperfect* in the if-clause and the *conditional* in the result clause. In English the if-clause is presumably in the subjunctive. Notice the sequence in the following examples:

> **Si** je continuais à créer, je se**rais** capable de rater mon affaire. *If I continued to create, I **might** botch the job.*
>
> **Si** tu voulais, tu pour**rais** toujours essayer. *If you wanted to, you **could** at least try.*
>
> **Si** j'en créais un autre, celui-là se**rait** raté. *If I created another one, that one **would** be a flop.*

There are two other types of conditional sentences (present + future; pluperfect + conditional perfect), and both the sequence of tenses and the general structure correspond almost exactly from French to English:

> **S'il vient** me voir, je lui **parlerai**. *If he **comes** to see me, I'**ll speak** to him.*
>
> **S'il était venu** me voir, je lui **aurais parlé**. *If he **had come** to see me, I **would have spoken** to him.*

EXERCICES

I. *Transformez les phrases suivantes selon le modèle.*

MODÈLE: Si je continue à créer, je raterai mon affaire.
       Si je continuais à créer, je raterais mon affaire.

1. Si tu veux, tu pourras essayer.
2. Si vous m'aimez, vous vous installerez là-bas.
3. Si vous écrivez des romans, vous serez célèbre.
4. Si mon maître s'arrête, je me coucherai à ses pieds.
5. Si je ne suis pas trop occupé, je viendrai avec vous.
6. Si le tableau vous plaît, vous l'achèterez.
7. Si nous faisons venir la police, vous serez arrêté.
8. Si je dépense cet argent, mon oncle ne sera pas content.

§26. The conditional is sometimes used to soften or mitigate the quality of a verb that in its present tense might seem too direct, too brutal:

Je **veux** vous parler.   *I **want** to talk to you.*
Je **voudrais** vous parler.   *I **should like** to talk to you.*

EXERCICE

Mettez les verbes au conditionnel pour adoucir leur ton.

1. Voulez-vous vous installer là-bas?
2. Pouvez-vous expliquer votre conduite?
3. Je veux loger chez toi.
4. Tu peux essayer.
5. Etes-vous trop fatigué pour continuer à créer?
6. Vous devez me dire la vérité.
7. Il faut faire vos devoirs.

PROBLÈMES PARTICULIERS

§27. **Voilà ... que** used with the present tense is equivalent to the use of **depuis** with the present tense.

Voilà cinq jours **que** je travaille. = Je travaille **depuis** cinq jours.

It should be noted, however, that the **Voilà ... que** construction cannot be used to refer back to the *starting point* of an action. We cannot, for example, use it to say, "I've been working since Friday." For that we need **depuis**: "Je travaille depuis vendredi."

EXERCICE

Transformez les phrases suivantes selon le modèle.

MODÈLE: Je me repose depuis cinq jours.
    Voilà cinq jours que je me repose.

1. Je loge chez lui depuis deux semaines.
2. Vous ratez vos affaires depuis longtemps.
3. Ils sont heureux depuis trois ans.
4. Nous buvons depuis quatre jours.
5. Vous vendez des tableaux depuis dix ans.

6. On me supplie depuis des années.

7. Il se couche à mes pieds depuis six mois.

§28. **Il y a . . . que** is used in the same way as **Voilà . . . que.**

> **Il y a** cinq jours **que** je travaille. = **Voilà** cinq jours **que** je travaille.

EXERCICE

Reprenez les phrases de l'exercice précédent et transformez-les selon le modèle.

MODÈLE: Je me repose depuis cinq jours.
    Il y a cinq jours que je me repose.

§29. **Il y a** followed by expressions indicating time elapsed is also equivalent to English *ago*. It normally occurs at the end of a sentence:[5]

Nous avons logé chez lui **il y a** cinq jours.	*We stayed at his house five days **ago**.*
Il s'est installé la-bas **il y a** deux semaines.	*He moved in down there two weeks **ago**.*

EXERCICE

*Traduisez en français les phrases suivantes en employant dans chaque cas l'expression **il y a**.*

MODÈLE: I've been absent for two months.
    Il y a deux mois que je suis absent.

1. I've been resting for a few days.
2. I told you that three days ago.
3. We've been in this workshop for eight hours.
4. You heaved a sigh a few minutes ago.
5. They've been following me everywhere for six months.
6. We settled in Paris a long time ago.

---

[5] With certain verbs we can have the same meaning by beginning the sentence with *il y a . . . que.* For example: *Il y a deux heures que nous avons quitté la maison* (We left the house two hours ago); *Il y a trois jours qu'il est parti* (He left three days ago).

§30. Questions with **depuis** and **il y a . . . que.**

Q: **Depuis quand** travaillez-vous ?	*How long have you been working ?*
A: Je travaille **depuis** vendredi.	*I've been working **since** Friday.*
Q: **Depuis combien de temps** travaillez-vous ?	*How long have you been working ?*
A: Je travaille **depuis** une demi-heure.	*I've been working **for** a half-hour.*
Q: **Combien de temps y a-t-il que** vous travaillez ?	*How long have you been working ?*
A: **Il y a** cinq jours **que** je travaille.	*I've been working **for** five days.*

EXERCICE

Posez les questions auxquelles répondent les phrases suivantes.

MODÈLE: Je travaille depuis cinq jours.
    Depuis combien de temps travaillez-vous?

1. Je me repose depuis vendredi soir.
2. Je parle français depuis trois ans.
3. Il y a cinq minutes que je suis dans mon atelier.
4. Elle me suit partout depuis des mois.
5. Il est rentré depuis le premier septembre.
6. Il y a trois ans que nous nous aimons.
7. Ils font ce travail depuis longtemps.

§31. **Il y a** is used idiomatically to indicate *trouble.*

Mais qu'est-ce qu'il y a ?	*What's the matter ?*

This usage is an extension of the use of *avoir* in such expressions as:

Qu'est-ce que vous avez ?	*What's wrong with you ?*
Qu'est-ce qu'elle pourrait bien avoir ?	*What could be the matter with her ?*

These expressions in turn depend on the use of **avoir** in speaking of *illnesses* and their locations:

Il avait mal à la tête (au dos, au pied, etc.).	*He had a headache (backache, sore foot, etc.).*

EXERCICE

Traduisez en français.

1. What's wrong with her?
2. There's nothing wrong with me.
3. What's the trouble?
4. I don't know what could be wrong with you.
5. Does your foot hurt?
6. Could she be sick?
7. I'm sure there's nothing wrong with her.
8. I have a pain in the arm.

§32. *Idioms with* **avoir**. There are a number of expressions in French in which the verb **avoir** corresponds to the verb *to be* in the equivalent English expressions:

$$
\text{J'ai}
\begin{cases}
\textbf{faim} \\
\textbf{peur} \\
\textbf{raison} \\
\textbf{soif} \\
\textbf{sommeil} \\
\textbf{tort} \\
\textbf{froid} \\
\textbf{chaud}
\end{cases}
\qquad
\text{I am}
\begin{cases}
\textit{hungry} \\
\textit{afraid} \\
\textit{right} \\
\textit{thirsty} \\
\textit{sleepy} \\
\textit{wrong} \\
\textit{cold} \\
\textit{hot}
\end{cases}
$$

There is also the slightly more complex sentence pattern:

$$
\text{Jean \textbf{avait}}
\begin{cases}
\textbf{peur} \\
\textbf{raison} \\
\textbf{tort}
\end{cases}
\textbf{de} \text{ dire cela.}
\qquad
\text{John \textit{was}}
\begin{cases}
\textit{afraid} \\
\textit{right} \\
\textit{wrong}
\end{cases}
\textit{to say that.}
$$

EXERCICES

I. Répondez affirmativement.

1. Dieu avait-il raison de continuer à créer?
2. Le chien avait-il peur d'être tout seul sur la terre?
3. A sa place auriez-vous eu peur vous-même?
4. Le chien avait-il tort d'insister?
5. Le chien boira-t-il quand il aura soif?
6. Les hommes sont-ils les seules créatures qui boivent sans avoir soif?
7. Les anges ont-ils parfois un peu froid?

II. Répondez négativement.

1. Aviez-vous peur?
2. Aimez-vous avoir tort?
3. Auriez-vous peur de travailler?
4. Avez-vous toujours raison?
5. Aviez-vous chaud en hiver?
6. Aurez-vous faim à midi?
7. Vous coucherez-vous quand vous aurez sommeil?

III. Traduisez en français les phrases suivantes.

1. We were hungry.
2. They will be thirsty.
3. You would have been sleepy.
4. I was right to tell him the truth.
5. He was wrong to strain himself beyond his inspiration.
6. I'll be hungry when it's three o'clock.
7. She was cold and tired.
8. We were afraid to continue.
9. They are not afraid to try.

THÈME

If you want to create a masterpiece, you must not go beyond your inspiration. In the story that we read, if God had refused to listen to the dog, he would not have ruined his creation. He knew that in making Man, he was taking a considerable risk. That is true, and yet, it is difficult for most men[1] to know their limits. If men had never taken risks, they would never have accomplished much.

---

[1] **most men:** *la plupart des hommes.*

IV

Albert Camus

La Chute

. . . J'étais heureux de cette marche, un peu engourdi, le corps calme, irrigué par un sang doux comme la pluie qui tombait. Sur le pont, je passai derrière une forme penchée sur le parapet, et qui semblait regarder le fleuve. De plus près, je distinguai une mince jeune femme, habillée de noir. Entre les cheveux sombres et le col du manteau, on voyait seulement une nuque, fraîche et mouillée, à 5 laquelle je fus sensible. Mais je poursuivis ma route, après une hésitation. Au bout du pont, je pris les quais en direction de Saint-Michel,[1] où je demeurais. J'avais déjà parcouru une cinquantaine de mètres à peu près, lorsque j'entendis le bruit, qui, malgré la distance, me parut formidable dans le silence nocturne, d'un corps qui s'abat sur l'eau. Je m'arrêtai net, mais sans me retourner. Presque 10 aussitôt, j'entendis un cri, plusieurs fois répété, qui descendait lui aussi le fleuve, puis s'éteignit brusquement. Le silence qui suivit, dans la nuit soudain figée, me parut interminable. Je voulus courir et je ne bougeai pas. Je tremblais, je crois, de froid et de saisissement. Je me disais qu'il fallait faire vite et je sentais une faiblesse irrésistible envahir mon corps. J'ai oublié ce que j'ai pensé alors. «Trop 15 tard, trop loin . . .» ou quelque chose de ce genre. J'écoutais toujours immobile. Puis, à petits pas, sous la pluie, je m'éloignai. Je ne prévins personne.

Mais nous sommes arrivés, voici ma maison, mon abri! Demain? Oui, comme vous voudrez . . . . Quoi? Cette femme? Ah, je ne sais pas, vraiment, je ne sais pas. Ni le lendemain, ni les jours qui suivirent, je n'ai lu les journaux. 20

ALBERT CAMUS (1913–1960) est l'un des auteurs les plus connus du vingtième siècle. Il a écrit *L'Etranger*, le *Mythe de Sisyphe*, *Caligula*, *La Peste*, *L'Homme révolté*, etc. Son œuvre est consacrée à la notion de l'absurde, à la révolte métaphysique et à l'effort de l'homme pour combattre le mal et l'injustice. Cet extrait est de son dernier roman, *La Chute*, publié en 1956.
[1] **Saint-Michel:** Boulevard Saint-Michel, main street in the Latin Quarter, Paris.

QUESTIONS

1. Quels sont les sentiments du narrateur au début de ce récit?
2. Que faisait la jeune femme sur le pont?
3. Quelle était la couleur de ses vêtements?
4. Pourquoi le narrateur a-t-il hésité avant de continuer son chemin?
5. A quelle distance était-il lorsqu'il a entendu le bruit de la chute? En quoi ce détail a-t-il une grande importance?
6. Comment le narrateur essaie-t-il d'expliquer son absence de réaction? Pourquoi avez-vous le sentiment qu'il est sincère?
7. Qu'est-ce qu'il a fait finalement?
8. Pourquoi pendant plusieurs jours n'a-t-il pas acheté les journaux?
9. Qu'est-ce que vous auriez fait à sa place?

QUESTIONS FACULTATIVES

1. Relevez les adjectifs de la première phrase. Quelles impressions physiques et morales veulent-ils donner?
2. *à laquelle je fus sensible* (ll. 5–6). Qu'est-ce que l'auteur suggère ici? En quoi cette notation est-elle importante pour la suite du récit?
3. *Je m'arrêtai net, mais sans me retourner* (l. 10). Justifiez l'emploi de ces mots. Comment la double attitude du narrateur est-elle contenue dans ces deux verbes?
4. *A petits pas . . . je m'éloignai* (l. 17). Quel est l'effet voulu de cette lenteur? Comment est-elle justifiée par l'état physique et mental du narrateur?
5. Comment expliquez-vous que le narrateur n'ait prévenu personne?

THE ADJECTIVE

§33. For the English speaker it is a matter of long habit to place adjectives in front of the nouns they modify, while in French, as a general rule, the adjective follows the noun:

> J'ai entendu un **bruit formidable** (. . . *a formidable noise*).
> Je sentais une **faiblesse irrésistible** (. . . *an irresistible weakness*).

There are, however, a dozen or so frequently used adjectives that normally precede: *autre, beau, bon, grand, gros, haut, jeune, joli, long, mauvais, nouveau, petit, vieux.*

> C'est une **bonne suggestion**.
> Il m'a raconté une **longue histoire**.

Beau, nouveau, and **vieux** have irregular forms for masculine nouns beginning with a vowel sound and for feminine nouns:

> C'est un **beau** château.
> C'est un **bel** hôtel.
> C'est une **belle** châtelaine.
>
> C'est un **nouveau** mot.
> C'est un **nouvel** élément.
> C'est une **nouvelle** manière.
>
> Voilà un **vieux** poète.
> Voilà un **vieil** écrivain.
> Voilà une **vieille** dame.

The plural forms are **beaux** (*m.*), **belles** (*f.*); **nouveaux** (*m.*), **nouvelles** (*f.*); **vieux** (*m.*), **vieilles** (*f.*).

When there are two adjectives, each occurs in the place it would occupy if it were alone.

> C'est une **jeune** femme **malheureuse**.
> C'est une **jolie petite** fille.
> C'est un écrivain **intelligent** et **productif**.
> Je voyais une nuque **fraîche** et **mouillée**.

EXERCICES

I. Mettez les adjectifs à l'endroit convenable dans la phrase suivante:

Il s'agit d'un *bon* écrivain.

Substituez: vieil / américain / autre / japonais / mauvais / jeune / courageux / grand / prétentieux / nouvel / exécrable

II. Mettez les adjectifs à l'endroit convenable dans la phrase suivante:

Nous allons acheter une *belle* voiture.

Substituez: nouvelle / blanche / petite / étrange / italienne / puissante / grosse / sensationelle / jolie / ridicule / verte

III. Transformez les phrases suivantes selon les modèles.

MODÈLES: Cette victoire est belle.
          C'est une belle victoire.
          Cet écrivain est intelligent.
          C'est un écrivain intelligent.

   1. Ce silence est long.
   2. Cet homme est beau.
   3. Cette femme est malheureuse.
   4. Cet artiste est vieux.
   5. Cet enfant est petit.
   6. Cet adversaire est formidable.
   7. Cette machine est vieille.
   8. Ce poème est absurde.
   9. Cette interprétation est nouvelle.
  10. Cette idée est intéressante.
  11. Cette maison est vieille et blanche.
  12. Cette employée est jeune et intelligente.
  13. Ce garçon est gros et maladroit.

§34. With preceding adjectives the article **des** reduces to **de**:[1]

Ce sont **des** amis.	*They are friends.*
Ce sont **de vieux** amis.	*They are old friends.*

---

[1] In a few cases, where the adjective and noun form a single idea, the principle does not apply: *Ce sont **des** jeunes filles, **des** petits enfants.*

EXERCICE

Mettez les phrases suivantes au pluriel.

MODÈLE: C'est un vieil ouvrier.
       Ce sont de vieux ouvriers.

1. C'est une longue histoire.
2. C'est une mauvaise décision.
3. C'est un gros succès.
4. C'est une vieille dame.
5. C'est un nouvel hôtel.
6. C'est une petite surprise.
7. C'est un jeune artiste.
8. C'est un petit organisme.

§35. The following adjectives have different meanings depending on their position:[2]

C'est une maison **ancienne**.	(*old*)
C'est un **ancien** élève.	(*former*)
C'est un **brave** homme.	(*worthy, good*)[3]
C'est un homme **brave**.	(*brave*)
Vous êtes un **grand** homme.	(*great*)
Vous êtes un homme **grand**.	(*tall*)[4]
Voilà une **pauvre** créature.	(*pitiable, unhappy*)
Voilà un homme **pauvre**.	(*financially poor*)
C'est mon **propre** fils.	(*own*)
C'est une chemise **propre**.	(*clean*)

EXERCICE

Traduisez en français.

1. You're a brave little girl.
2. Why do you talk to that poor imbecile?

---

[2] A great many adjectives in addition to those given here may be used after or before the noun depending on the precise nuance the writer wishes to convey. As a rule, when the adjective precedes, its meaning is figurative (*une noire accusation*), while when it follows, its meaning is literal (*un chapeau noir*).

[3] By extension, this also tends to imply "not particularly intelligent."

[4] In the case of *grand*, the distinction applies only to persons.

3. Molière was a great writer.
4. Will you give me a clean glass?
5. I did it with my own hands.
6. He's a fine young man.
7. He was born in a poor family.
8. He still sees his former wife.
9. It's an ancient manuscript.
10. Napoleon was a great man, but not a tall man.

§36. Comparison is expressed in French through the following three patterns:

$$
\begin{array}{llllll}
plus & \text{adj.} & que & = & more & \text{adj.} & than \\
moins & \text{adj.} & que & = & less & \text{adj.} & than \\
aussi & \text{adj.} & que & = & as & \text{adj.} & as
\end{array}
$$

Il est $\left\{\begin{matrix}\textbf{plus}\\\textbf{moins}\\\textbf{aussi}\end{matrix}\right\}$ sensible **que** moi.   He's $\left\{\begin{matrix}\textit{more}\\\textit{less}\\\textit{as}\end{matrix}\right\}$ sensitive $\left\{\begin{matrix}\textit{than}\\\textit{as}\end{matrix}\right\}$ I.

EXERCICE

Transformez les phrases suivantes en renversant l'ordre des noms.

MODÈLE: Marie est moins charmante que Louise.
   Louise est plus charmante que Marie.

1. Robert est plus vigoureux que Stéphane.
2. L'hôtesse est plus surprise que nous.
3. Les femmes sont plus sérieuses que les hommes.
4. Nadine est plus laide que Monique.
5. Le patron est plus fort que nous.
6. Les paroles sont aussi intéressantes que la musique.
7. Louise est moins gentille que son frère.
8. Nous sommes aussi riches que les Dupont.[5]

§37. The superlative offers two patterns depending on the position of the adjective:

---

[5] Note that in French one does not add a final *s* to last names: *les Dupont* (the Duponts).

C'est **le plus joli château de** la région.	*It's **the prettiest chateau in** the area.*
C'est l'homme **le plus intéressant de** l'époque.	*He's **the most interesting man of** the period.*

Notice that while in English the final member of such sentences is usually introduced by the preposition *in* (the finest *in* the world, *in* the country, *in* the collection), in French the preposition is always **de**.

EXERCICE

Transformez les phrases suivantes selon le modèle.

MODÈLE: C'est une femme élégante.
   C'est la femme la plus élégante du monde.

1. C'est un livre intéressant.
2. C'est un bon garçon.[6]
3. Ce sont de beaux yeux.
4. C'est une jolie fille.
5. C'est une création importante.
6. Ce sont des hommes brutaux.
7. C'est un mauvais journal.
8. C'est un poème mystique.
9. C'est un artiste fou.

§38. As a general rule, when an infinitive depends on an adjective, the preposition **de** links the two words.

Je suis **content de** vous **voir.**	*I am **glad to see** you.*
Il est **fier de pouvoir** comprendre.	*He's **proud he's able** to understand.*

Only a few adjectives regularly take **à**:

Nous sommes les **seuls à** le com- prendre.	*We are the **only ones to understand** him.*
Il était **lent à** me **dire** adieu.	*He was **slow to say** goodbye to me.*

---

6 *Bon* is now the only adjective with consistently irregular comparison: *bon, meilleur, le meilleur. Pire* and *le pire,* the irregular comparative and superlative of *mauvais,* are today used only in the moral sense.

Vous êtes le **premier** (le **dernier**) à   *You are the **first** (**last**) to come.*
venir.

EXERCICE

Mettez l'adjectif et la préposition convenables dans la phrase suivante:

Nous sommes *ravis de* venir ici.

Substituez: contents / furieux / les seuls / fiers / charmés / les premiers / lents /
fâchés / tristes

§39. If the adjective is preceded by **assez** or **trop**, then the preposition **pour**
introduces the infinitive:

Il est **trop** fatigué **pour** continuer.   *He is **too** tired **to** continue.*

EXERCICES

I. Transformez les phrases suivantes selon le modèle.

MODÈLE: Il est trop gentil. Il ne ferait pas cela.
        Il est trop gentil pour faire cela.

  1. Il est trop méfiant. Il ne vous croira pas.
  2. Il est trop honnête. Il n'y penserait pas.
  3. Je suis trop fatigué. Je ne finirai pas ce travail.
  4. Nous sommes trop tendres. Nous n'accepterons pas cette vérité.
  5. La vérité est trop simple. Elle n'excite pas les hommes.

II. Transformez les phrases suivantes selon le modèle.

MODÈLE: Elle est assez cruelle. Elle me fera souffrir.
        Elle est assez cruelle pour me faire souffrir.

  1. Vous êtes assez intelligent. Vous comprendrez ceci.
  2. Ils sont assez gentils. Ils nous inviteront.
  3. Elle est assez malade. Elle aura besoin d'un médecin.
  4. Je suis assez malin. J'arriverai à mes fins.
  5. Nous sommes assez forts. Nous gagnerons cette bataille.

THE ADVERB

§40. Adverbs are formed regularly by adding **-ment** to the feminine form of the adjective: *sérieusement, franchement, relativement,* etc.[7]

If the adjective ends in a vowel, the masculine form is used as the base: *vraiment, absolument, joliment.*

When the masculine form of the adjective ends in **-ent** or **-ant**, the adverb ends in **-emment** or **-amment**: *récent, récemment; constant, constamment.*

Some adverbs are slightly irregular: *aveuglément, précisément, confusément, profondément, conformément, brièvement, gentiment.*

EXERCICE

Transformez les phrases suivantes selon le modèle.

Modèle: Il parle d'une manière confuse.
     Il parle confusément.

1. Il m'a répondu d'une manière gracieuse.
2. Elle s'habille d'une manière élégante.
3. Il me l'a expliqué d'une manière patiente.
4. Il nous a regardés d'une manière méchante.
5. Je dormais d'une manière tranquille.
6. Nous parlions toujours d'une manière franche.
7. Elle m'aime d'une manière aveugle.
8. Je faisais cette description d'une manière précise.

§41. While in English adverbs frequently fall between the subject and verb, this can *never* happen in French. The usual place for the adverb is after the verb:

Je pars **toujours** à midi.	*I **always** leave at noon.*
Il parlait **souvent** de vous.	*He **often** spoke of you.*

---

[7] As a rule, the feminine form of an adjective is obtained by adding an *e*; however, adjectives ending in *-el, -ul, -en, -on, -et,* and *-as* double the final consonant, then add *e: cruel, cruelle; nul, nulle; ancien, ancienne; bon, bonne; net, nette; bas, basse.* Exceptions are *complet, concret, discret, inquiet,* and *secret,* which take the grave accent and a single *t,* then add *e* to form the feminine: *complète, discrète,* etc.

Adjectives ending in *x* change *x* to *s* and add *e: heureux, heureuse.* Adjectives ending in *-er* add *e* and take a grave accent on the *e* before the final *r: léger, légère; dernier, dernière.*

EXERCICE

Traduisez en français.

1. I already knew that.
2. He often does the work himself.
3. We always answer too soon.
4. You still believe in Santa Claus (*Père Noël*)?
5. I hardly know you.
6. You really will come?
7. We quickly do what is necessary.

§42. In the compound tenses, short, irregular adverbs generally are placed between the auxiliary and the past participle:

Il est **déjà** parti.	*He has **already** left.*
Nous avons **souvent** parlé de vous.	*We **often** spoke of you.*
Vous étiez **à peine** arrivé.	*You had **hardly** arrived.*

The most frequently used of these adverbs are: *à peine, aussi, beaucoup, déjà, enfin, peu, souvent, toujours, trop.* Most other adverbs occur *after* the past participle, although this is by no means a rule:

Il a appris **rapidement** le texte.	*He learned the text **rapidly**.*
Il s'est approché **prudemment**.	*He approached **cautiously**.*
Nous avons marché **lentement** vers la maison.	*We walked **slowly** toward the house.*

However, if the adverb is one of *time* or *location*, it *must* come after the past participle:

Il nous a parlé **hier**.	*He talked to us **yesterday**.*
Nous avons dû chercher **ailleurs**.	*We had to look **elsewhere**.*
Elles sont arrivées **là-bas trop tard**.	*They arrived **there too late**.*

EXERCICE

Mettez les adverbes à la place convenable dans la phrase suivante:

Vous avez *beaucoup* discuté de ce problème.

Substituez: déjà / enfin / savamment / trop / récemment / mal / à peine / peu après / là-bas / samedi / intelligemment / hier / souvent

§43. The *comparative* and *superlative* of the adverb follow the same general pattern as the adjective:

Il parle $\begin{Bmatrix} \textbf{plus} \\ \textbf{moins} \\ \textbf{aussi} \end{Bmatrix}$ **doucement que** moi.

He talks $\begin{Bmatrix} more \\ less \\ as \end{Bmatrix}$ softly $\begin{Bmatrix} than \\ as \end{Bmatrix}$ I do.

C'est elle qui apprend **le plus vite**.   She's the one who learns **the fastest**.

The adverb **bien** is now the only adverb whose irregular comparative forms are in general use:[8]

Elle conduit **bien**.   She drives **well**.
Elle conduit **mieux que** moi.   She drives **better than** I do.
C'est Pierre **qui** conduit **le mieux**. Peter drives **best**.

Note that with the superlative, French word order is often quite different from that in English.

EXERCICE

Traduisez en français.

1. You should work more rapidly.
2. I think about it less frequently than others (do).
3. He talks about it less intelligently than we (do).
4. Frank learned the fastest.
5. In France you eat better than in England.
6. I saw her more recently than that.
7. He swims worst of all.

PROBLÈMES PARTICULIERS

§44. *Prepositions with **C'est** and **Il est**.*   Compare the following sentences:

Il **est difficile de** comprendre ce passage.

*It **is difficult to** understand this passage.*

---

[8] The forms *pis* and *le pis*, comparative and superlative of the adverb *mal*, are now scarcely used except in fixed expressions.

| Ce passage est difficile à com-
prendre. | *This passage is difficult to under-
stand.* |

The two sentences are virtually equivalent in meaning. Note, however, that when the subject of the sentence is impersonal **il**, the infinitive is introduced by **de**, while if the subject is a noun (or personal pronoun), the infinitive is introduced by **à**.

The subject of the second type of sentence may simply be *ce*, referring back to something already mentioned:

C'est facile à faire.[9]

EXERCICE

Transformez les phrases suivantes selon le modèle.

MODÈLE: Il est facile de résoudre ce problème.
         Ce problème est facile à résoudre.

   1. Il est difficile de satisfaire cet homme.
   2. Il est difficile de comprendre cette explication.
   3. Il est difficile de soutenir cette opinion.
   4. Il est facile de trouver ce texte.
   5. Il n'est pas facile de tromper un ami.
   6. Il n'est pas difficile de prouver cela.

§45. *The Article.* The definite article (**le, la, l', les**) is used, as in English, to indicate specificity. In this sense it corresponds to the English use of *the*:

| L'étudiant ne possédait pas cette
somme. | *The student didn't have that much
money.* |

However, the definite article is also used in French with nouns used in a *general* sense, where in English no article is used:

| En général, **les** étudiants ne possèdent
pas cette somme. | *In general, —— students don't have
that much money.* |

---

[9] If the verb takes an indirect object, we must use *il est*: *Il est facile de répondre à cette question* (It's easy to answer that question). Likewise if the verb is intransitive: *Il est difficile de sortir d'ici* (It's hard to get out of here).

The general and specific are thus taken care of by the definite article. The vague area in between (*some, any*) is covered by the partitive article (**du, de la, de l', des**).

Il y a **des** étudiants qui possèdent cette	There are $\left\{ \begin{array}{l} ---- \\ \textit{\textbf{some}} \end{array} \right.$ students who have
somme.	that much money.

And this is where the difficulty arises. The problem can be diagramed thus:

	General	Specific	Partitive
French:	**le, la, les**	**le, la, les**	**du, de la, des**
English:	——	the	——, some, any

In English there are two areas in which the article is, or may be, lacking: the general sense (always), the partitive sense (sometimes). This means that for the purpose of supplying the proper article, the student has to ask, for example, whether the phrase "in general" sounds right before the noun. If it does, then the definite article is in order. If *some* or *any* sounds more appropriate, then he should use the partitive (**du, de la, de l', des**):

Les femmes sont sérieuses.	(*In general*) Women are serious.
Les hommes sont mortels.	(*In general*) Men are mortal.
Il m'a donné **de l'**argent.	He gave me (*some*) money.
J'ai **des** problèmes.	I have (*some*) problems.

Verbs like *vouloir* and *avoir* are frequently followed by nouns in the partitive sense (*Avez-vous des cigarettes, du café, des amis*, etc.; *Voulez-vous de la viande, des conseils, de l'argent*, etc.), while verbs indicating like, dislike, or preference are almost always followed by nouns taken in a general sense (*Je déteste les mendiants; J'aime la poésie; Je préfère le café noir*).

EXERCICE

Traduisez en français.

1. We buy paintings because we like paintings.
2. Philosophers are often unhappy.
3. He felt unpleasant palpitations.
4. I hate noise.
5. He has strange ideas.
6. He borrowed money from a friend.
7. Children are lazy.

§46. The forms of the partitive reduce to **de** (**d'**) in the following circumstances:

(1) After a negative verb other than **être:**

Il n'avait pas **d'**argent.   *He didn't have **any** money.*

(2) After most words expressing *quantity*:[10]

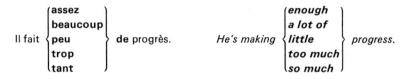

	assez				enough		
Il fait	beaucoup peu trop tant	**de** progrès.		He's making	a lot of little too much so much	progress.	

(3) Before a *preceding plural adjective*:[11]

Ce sont **de méchantes** gens.   *They are **evil** people.*

(4) After the preposition **de**:

J'ai besoin **d'**argent.   *I need (**some**) money.*
Cf. J'ai besoin **de l'**argent.   *I need **the** money.*

EXERCICES

I. *Mettez les phrases suivantes au négatif.*

MODÈLE: Il a écrit des romans.
           Il n'a pas écrit de romans.

1. Il avait du génie.
2. Nous avons demandé des renseignements.
3. Il y avait des arbres là-bas.
4. Il a fait des efforts.
5. Il voulait acheter des tableaux.
6. Ses yeux contenaient des reproches.
7. Il trouve du plaisir à écrire ces romans.
8. Mon ami lui donne de l'argent.
9. Il y a du mérite à faire cela.

---

[10] But after *la plupart* and *bien* the full partitive appears: *la plupart des hommes* (most men); *bien des écrivains* (many writers).
[11] See §34.

II. *Transformez les phrases suivantes en ajoutant l'adverbe indiqué entre parenthèses.*

MODÈLE: Nous avons lu des livres (*peu*).
        Nous avons lu peu de livres.

  1. Nous avons passé du temps là-bas (*beaucoup*).
  2. Ils ont raconté des histoires (*trop*).
  3. J'ai fait du bruit (*tant*).
  4. Il a de l'intelligence (*assez*).
  5. Elle m'a envoyé des lettres (*beaucoup*).
  6. Vous faites des progrès (*peu*).

III. *Transformez les phrases suivantes en ajoutant l'adjectif indiqué entre parenthèses.*

MODÈLE: Voilà des tableaux (*beaux*).
        Voilà de beaux tableaux.

  1. Il y a des raisons pour cela (*bonnes*).
  2. Nous sommes des amis (*vieux*).
  3. Nous voudrions acheter des voitures (*grosses*).
  4. Nous lui enverrons des fleurs (*jolies*).
  5. Il nous a raconté des histoires (*longues*).
  6. J'ai des problèmes à résoudre (*autres*).

IV. *Transformez les phrases suivantes.*

MODÈLE: Nous voudrions des renseignements.
        Nous avons besoin de renseignements.

  1. Nous voudrions des encouragements.
  2. Ils voudraient des explications.
  3. Voulez-vous des preuves?
  4. Je voudrais du calme.
  5. Nous voudrions de la bière.
  6. Il voudrait des amis.

THÈME

My friend, you are perceptive enough to see that I need friends. I've been feeling disturbed since last Friday. I always go walking in the evening, and that night I noticed on the bridge a man younger than I. He had black hair and blue eyes. He looked at me in a strange way and asked me to give him two hundred francs.

Naturally I refused. After all, I didn't know him. Yet I cannot help thinking[1] that my refusal hurt him terribly. Later on, he jumped off the bridge. Now do you understand why I don't go walking at night any more?

---

[1] **I cannot help thinking:** *je ne peux pas m'empêcher de croire.*

V

Henri Michaux

Un Homme
paisible

Etendant les mains hors du lit, Plume fut étonné de ne pas rencontrer le mur. «Tiens, pensa-t-il, les fourmis l'auront[1] mangé . . .» et il se rendormit.

Peu après sa femme l'attrapa et le secoua: «Regarde, dit-elle, fainéant! pendant que tu étais occupé à dormir, on nous a volé notre maison.» En effet, un ciel intact s'étendait de tous côtés. «Bah! la chose est faite», pensa-t-il. 5

Peu après un bruit se fit entendre. C'était un train qui arrivait sur eux à toute allure. «De l'air pressé qu'il a,[2] pensa-t-il, il arrivera sûrement avant nous» et il se rendormit.

Ensuite le froid le réveilla. Il était tout trempé de sang. Quelques morceaux de sa femme gisaient près de lui. «Avec le sang, pensa-t-il, surgissent toujours 10 quantité de désagréments; si ce train pouvait n'être pas passé, j'en serais fort heureux. Mais puisqu'il est déjà passé . . .» et il se rendormit.

—Voyons, disait le juge, comment expliquez-vous que votre femme se soit blessée au point qu'on l'ait trouvée partagée en huit morceaux, sans que vous,

---

HENRI MICHAUX (1899–) est un poète contemporain, sensible à l'absurdité du monde, à l'impossibilité où se trouve l'homme de communiquer avec les autres, à l'angoisse qui résulte de cette confrontation avec les problèmes de la vie moderne. La sensibilité du poète se retrouve dans M. Plume, ce personnage écrasé par une fatalité trop forte, et qui se sent en perpétuel état d'accusation.

[1] **auront:** must have (*lit.*, will have).

[2] **de l'air pressé qu'il a:** judging from the hurry it appears to be in.

qui étiez à côté, ayez pu faire un geste pour l'en empêcher,[3] sans même vous en être aperçu. Voilà le mystère. Toute l'affaire est là-dedans.[4]

—Sur ce chemin, je ne peux pas l'aider, pensa Plume, et il se rendormit.

—L'exécution aura lieu demain. Accusé, avez-vous quelque chose à ajouter?

5 —Excusez-moi, dit-il, je n'ai pas suivi l'affaire. Et il se rendormit.

QUESTIONS

  1. De quoi Plume s'étonne-t-il en étendant les mains?

  2. Comment s'explique-t-il que les murs ne soient plus là?

  3. Pourquoi ensuite sa femme le réveille-t-elle?

  4. Pour elle quelle est la raison qui fait qu'on leur a volé la maison?

  5. Comment Plume s'aperçoit-il que la maison a été volée?

  6. Pourquoi de nouveau ne fait-il rien?

  7. Quelle est la réaction de Plume devant ce train qui arrive sur lui à toute allure?

  8. Comment se fait-il que le froid le réveille?

  9. D'où vient le sang dont il est tout trempé?

10. Comment se fait-il qu'aussitôt après l'épisode du train, ce soit le juge qui parle?

11. Comment réagit-il à la nouvelle qu'il va être exécuté?

12. Pourquoi refuse-t-il de justifier sa conduite?

QUESTIONS FACULTATIVES

  1. Pourquoi l'auteur utilise-t-il si souvent l'expression «et il se rendormit»?

  2. Si Plume dort, est-ce que le récit est construit de manière à donner l'impression d'un rêve ou d'un cauchemar?

  3. D'où vient l'objectivité du personnage? Pourquoi n'est il pas davantage touché par les événements qui le concernent si directement?

  4. Où se trouve l'humour dans des phrases comme: «Quelques morceaux de sa femme gisaient près de lui», ou encore: «Comment expliquez-vous que votre femme se soit blessée au point qu'on l'ait trouvée partagée en huit morceaux»?

  5. Plume est-il innocent ou coupable? De quoi l'accuse-t-on exactement?

  6. Y a-t-il un côté morbide dans ce récit ou est-il simplement absurde?

---

[3] **sans que . . . l'en empêcher:** without your being able to make a move to prevent it, although you were right beside her.

[4] **Toute . . . là-dedans:** That's the heart of the matter.

UNSTRESSED OBJECT PRONOUNS

§47. Unstressed object pronouns typically occur between the subject and the verb:

Sa femme **le secoua**.   *His wife **shook him***.

Notice that the pronoun occupies different positions in the French and English sentences. This is a potential source of difficulty, and we shall need to pay particular attention to it in dealing with pronouns.

Le, **la**, and **les** are *direct object pronouns*. They replace nouns that follow the verb directly; that is, with no intervening preposition:

Plume **étendait les mains**.	*Plume **stretched out his hands***.
Plume **les étendait**.	*Plume **stretched them out***.
Les fourmis **mangent le mur**.	*The ants **are eating the wall***.
Les fourmis **le mangent**.	*The ants **are eating it***.
Il **trouve sa femme** en huit morceaux.	*He **finds his wife** in eight pieces*.
Il **la trouve** en huit morceaux.	*He **finds her** in eight pieces*.

When the verb is in a compound tense, the pronoun occurs before the auxiliary verb:

Les fourmis **l'auront mangé**.   *The ants **must have eaten it***.

If the verb is in the negative, the pattern looks like this:

Plume **ne suit pas l'affaire**.	*Plume **isn't following the affair***.
Plume **ne la suit pas**.	*Plume **isn't following it***.
Plume **n'a pas suivi l'affaire**.	*Plume **didn't follow the affair***.
Plume **ne l'a pas suivie**.	*Plume **didn't follow it***.

Me, **te**, **nous**, and **vous** may also be used as direct object pronouns.

EXERCICES

I. Transformez les phrases suivantes en mettant les pronoms convenables à la place des noms.

Modèle: Les fourmis auront mangé les murs.
         Les fourmis les auront mangés.

to, shake

1. Mme Plume a secoué son mari.
2. Il a étendu les mains.
3. Il n'a pas rencontré les murs.
4. Le bruit du train réveille Mme Plume.
5. Il regarde tristement les morceaux de sa femme.
6. Il n'a pas empêché l'accident.
7. Le juge pose la question.
8. Le prisonnier ne peut pas aider le juge.
9. Il n'a pas suivi l'affaire.

II. *Répondez affirmativement aux questions suivantes.*

Modèle: Est-ce que vous m'avez rencontré?
       Oui, je vous ai rencontré.

1. Est-ce que je vous ai réveillé?
2. Est-ce qu'il vous a rencontré?
3. Est-ce que vous m'avez secoué?
4. Est-ce que je vous aime?
5. Est-ce qu'on nous regarde?
6. Est-ce que tu nous empêches de partir?
7. Est-ce que je vous vois venir?
8. Est-ce que vous me suivez partout?
9. Est-ce que vous nous avez aidés?
10. Est-ce que je vous déteste?

III. *Répondez négativement aux questions suivantes en mettant les pronoms convenables.*

Modèle: Est-ce qu'il a étendu les mains?
      Non, il ne les a pas étendues.

1. Avez-vous étendu les mains?
2. Est-ce que vous m'avez vu?
3. Est-ce qu'elles nous ont regardés?
4. Est-ce que nous avons trouvé les morceaux?
5. Est-ce qu'ils ont rencontré leurs amis?
6. Attrape-t-elle son mari?
7. Est-ce qu'on a suivi cette affaire?
8. A ma place auriez-vous empêché l'accident?
9. Me voyez-vous?
10. Est-ce qu'on a volé les murs?

§48. The *indirect object pronouns* result from the presence of the preposition **à** used with a personal object:

Plume ne disait rien **à sa femme.**	*Plume said nothing **to his wife.***
Plume ne **lui** disait rien.	*Plume said nothing **to her.***
Plume ne répond pas **au juge.**	*Plume doesn't answer **the judge.***
Plume ne **lui** répond pas.	*Plume doesn't answer **him.***
On a volé la maison à **M. et Mme Plume.**	*Someone has stolen the house **from Mr. and Mrs. Plume.***
On **leur** a volé la maison.	*Someone has stolen the house **from them.***

Note that here **lui** is used for either masculine or feminine objects and thus may mean either *to him* or *to her*. This is important, since in other positions **lui** can be used only as a masculine pronoun.

Note also that, in the last of the sentences given above, *to steal from* = **voler à**, and we are thus technically in the presence of an indirect object. Similarly, the verb *answer* takes a *direct* object in English (He answers the judge), while in French **répondre** requires an *indirect* object (*Il répond **au** juge*). Bear in mind, then, that the indirect object is determined by the syntactic structure of the French sentence, and specifically by the use of the preposition **à**.

Me, **te**, **nous**, and **vous** may also be used as indirect object pronouns.

EXERCICES

I. Transformez les phrases suivantes en mettant les pronoms convenables à la place des noms.

MODÈLE: Il a répondu au juge.
       Il lui a répondu.

1. Nous avons répondu au juge.
2. Ils n'obéissent pas aux autorités.
3. Il parle à sa femme.
4. J'écris toujours à mes amis.
5. Vous n'avez rien dit à votre père.
6. Elle ne parle plus à cet homme paisible.
7. Nous n'avons rien donné à ce fainéant.
8. Ils ont dit quelque chose à ces hommes.

II. Répondez affirmativement en mettant les pronoms convenables.

MODÈLE: Est-ce que cela suffit à mes amis?
      Oui, cela leur suffit.

1. Est-ce que cela suffit à mes parents?
2. Est-ce que nous avons fait peur à ces enfants?

3. Est-ce que cela arrive souvent à votre ami?
4. Est-ce qu'ils tiennent compagnie à notre fille?
5. Est-ce que cette couleur va bien à sa mère?
6. Est-ce que le sommeil a fait du bien à vos employés?
7. Est-ce que cette maison appartenait à Balzac?
8. Est-ce que j'ai fait mal à cet homme?

III. Répondez négativement aux mêmes questions.

Modèle: Est-ce que cela suffit à mes amis?
   Non, cela ne leur suffit pas.

IV. Répondez affirmativement aux questions suivantes.

Modèle: Est-ce que je vous parle?
   Oui, vous me parlez.

1. Est-ce qu'il vous parle?
2. Est-ce qu'il nous a donné quelque chose?
3. Est-ce qu'il va me tenir compagnie?
4. Est-ce que je vous ai fait mal?
5. Est-ce que ce costume me va bien?
6. Est-ce que ces accidents vous arrivent souvent?
7. Est-ce qu'il voulait nous faire peur?
9. Est-ce que ces affaires vous appartiennent?

V. Répondez négativement aux mêmes questions.

Modèle: Est-ce que je vous parle?
   Non, vous ne me parlez pas.

§49. Sentences with direct *and* indirect objects are common in both French and English, but they are by no means always parallel. Notice the similarities and the differences:

Il explique l'affaire à sa femme.	*He explains the matter to his wife.*
Jean donne l'argent à son neveu.	*John gives his nephew the money.*
	(John gives the money to his nephew.)
Marie demande les lettres à son père.	*Marie asks her father for the letters.*
Mon père fait faire le travail à Georges.	*My father has George do the work.*

Note that in all the above cases the French sentences reduce to the general pattern: subject + verb + noun + à + noun. When pronouns are substituted, their position is between subject and verb, with **le, la, les** preceding **lui** and **leur**.

Il explique **l'affaire à sa femme**.	*He explains **the matter to his wife**.*
Il **la lui** explique.	*He explains **it to her**.*
Jean donne **l'argent à son neveu**.	*John gives **his nephew the money**.*
Jean **le lui** donne.	*John gives **it to him**.*
Marie demande **les lettres à son père**.	*Marie asks **her father for the letters**.*
Marie **les lui** demande.	*Marie asks **him for them**.*
Mon père fera faire **le travail à Georges**.	*My father will have **George** do **the work**.*
Mon père **le lui** fera faire.	*My father will have **him** do **it**.*

EXERCICES

I. *Répétez les phrases suivantes en mettant les pronoms à la place des noms.*

Modèle: Il a demandé l'argent à son oncle.
    Il le lui a demandé.

1. Le marchand a vendu la toile à l'étudiant.
2. On vole la maison à M. et Mme Plume.
3. Elle explique la chose à son mari.
4. Il fait retrouver sa famille à l'héroïne.
5. Vous avez raconté cette histoire à vos amis.
6. Nous avons demandé le tableau au marchand.
7. Je n'ai pas écrit cette lettre à votre mari.
8. Ils n'ont pas demandé la permission à leurs parents.
9. Nous n'avons pas donné les documents à l'inspecteur.
10. Il cache la vérité à ses collègues.

II. *Répondez négativement aux questions suivantes en mettant les deux pronoms convenables.*

Modèle: Lui a-t-on volé la monnaie?
    Non, on ne la lui a pas volée.

1. Lui avez-vous expliqué cette théorie?
2. Leur a-t-on envoyé les preuves?
3. Avez-vous donné le mur aux fourmis?
4. Lui avez-vous demandé la formule?
5. A-t-on offert l'argent au prisonnier?
6. Avez-vous posé la question aux agents?
7. Lui avons-nous enseigné cette méthode?
8. Lui auriez-vous dit la vérité?

§50. Only if the indirect object pronoun is **lui** or **leur** does it follow the direct object pronoun. If it is **me, te, se, nous,** or **vous,** then it precedes:

Il **me le** donne.	*He gives **it to me.***
Vous **nous les** expliquez.	*You explain **them to us.***

EXERCICE

Répondez affirmativement en mettant les pronoms convenables.

MODÈLE: Est-ce qu'il vous a donné la formule?
             Oui, il me l'a donnée.

1. Est-ce qu'il vous a emprunté les documents?
2. Vous a-t-il fait comprendre la fragilité du bonheur?
3. Me donnera-t-elle son adresse?
4. Nous enverrez-vous la liste?
5. Est-ce que vous m'expliquerez cette farce?
6. Est-ce qu'il nous transmettra la réponse?
7. Est-ce que vous me ferez oublier le passé?
8. M'avez-vous toujours dit la vérité?

§51. The pronoun **y**, which has no real counterpart in English, is used to replace an *impersonal* object of a verb that takes the preposition **à**:

Je réponds **à l'accusation.**	*I answer **the accusation.***
J'**y** réponds.	*I answer **it.***
Nous avons obéi **aux règles.**	*We obeyed **the rules.***
Nous **y** avons obéi.	*We obeyed **them.***

Note that if the object were *personal*, the pronoun would have to be **lui** or **leur**:

J'obéis **à ma femme.**	*I obey **my wife.***
Je **lui** obéis.	*I obey **her.***
Ils parlent **aux soldats.**	*They are speaking **to the soldiers.***
Ils **leur** parlent.	*They are speaking **to them.***

EXERCICE

*Répondez aux questions suivantes en mettant **lui, leur,** ou **y** selon le cas.*

MODÈLE: Avez-vous répondu à la lettre?
             Oui, j'y ai répondu.

1. Avez-vous répondu au télégramme?
2. Avez-vous répondu au juge?
3. Avez-vous obéi à la directrice?
4. Avez-vous obéi aux caprices de votre cœur?
5. Etes-vous allé à Paris la semaine dernière?
6. Avez-vous renoncé au bonheur?
7. Est-ce que ce chapeau va bien à mon amie?
8. Est-ce que tu fais du mal à mes voisins?
9. Avez-vous assisté au concert de musique concrète?
10. Croyez-vous à la bonté des hommes?

§52. **Y** is also used to replace an impersonal object of any preposition indicating *location*, or where in English one would use *there*:

Demeure-t-il **près du Bois**?	*Does he live **near the Bois**?*
Oui, il **y** demeure.	*Yes, he lives **near there**.*
L'avez-vous mis **dans la cuisine**?	*Did you put it **in the kitchen**?*
Oui, je l'**y** ai mis.	*Yes, I put it **there**.*
Les avez-vous cachés **sous le bureau**?	*Did you hide them **under the desk**?*
Oui, je les **y** ai cachés.	*Yes, I hid them **there**.*

EXERCICE

Transformez les phrases suivantes en remplaçant le nom par le pronom **y**.

MODÈLE: Vous êtes allé à la plage.
        Vous y êtes allé.

1. Vous êtes allé au Louvre.
2. On s'est promené dans le Bois.
3. Nous n'avons jamais habité près de la préfecture.
4. On vous a envoyé en Afrique.
5. Vous avez dansé sur le bateau.
6. Nous nous sommes retrouvés au café des Artistes.
7. Je ne vais plus dans ce quartier-là.
8. Elle demeure en face de l'église.

§53. The pronoun **en**, like **y**, corresponds to no single structure in English. It is used, in its most general sense, to replace the preposition **de** followed by a noun. It is, for example, always used to replace objects preceded by a partitive article:

Voulez-vous **du café**?	*Do you want **any coffee**?*
Non, je n'**en** veux pas.	*No, I don't want **any**.*
Avez-vous pris **des précautions**?	*Did you take **precautions**?*
Oui, j'**en** ai pris.	*Yes, I did (I took **some**).*
Va-t-il acheter **des livres**?	*Is he going to buy **books**?*
Oui, il va **en** acheter.	*Yes, he's going to buy **some**.*

EXERCICE

*Répondez affirmativement aux questions suivantes en mettant le pronom **en**.*

Modèle: Allez-vous acheter des fleurs?
   Oui, je vais en acheter.

   1. Allez-vous acheter des tableaux?
   2. Avez-vous bu de la bière?
   3. Avez-vous envoyé des fleurs?
   4. Faut-il donner des explications?
   5. Avez-vous trouvé du vin blanc?
   6. A-t-il pris de l'aspirine?
   7. Avez-vous éprouvé des palpitations de cœur?

§54. Partitive objects often occur in combination with indirect objects. In the pronoun substitution, **en** always appears last:

Avez-vous donné **des conseils à votre ami**?	*Did you give **your friend advice**?*
Oui, je **lui en** ai donné.	*Yes, I gave **him some**.*
Avez-vous proposé **des solutions à vos collègues**?	*Have you proposed **any solutions to your colleagues**?*
Oui, je **leur en** ai proposé.	*Yes, I proposed **some to them**.*

EXERCICE

Transformez les phrases suivantes en mettant les pronoms convenables à la place des noms.

Modèle: Il a demandé des conseils à son père.
   Il lui en a demandé.

1. Il a demandé de l'argent à son oncle.
2. Je dois des explications à mes lecteurs.
3. Nous avons prêté des crimes à cet homme innocent.
4. Vous avez demandé des renseignements au marchand.
5. Il va emprunter du tabac à un camarade.
6. On n'a pas apporté de journaux à mon oncle.

§55. The expression **il y a** is often followed by a partitive and thus gives rise to a construction in which **y** and **en** occur together. This rarely happens elsewhere in French.

Il y a **des questions.**	*There are **some questions**.*
Il y **en** a.	*There are **some**.*
Il n'y a plus **d'espoir.**	*There is no more **hope**.*
Il n'y **en** a plus.	*There is no more (**of it**).*
Il n'y avait pas **de réponse.**	*There was no **answer**.*
Il n'y **en** avait pas.	*There wasn't **any**.*

EXERCICE

Répondez affirmativement, puis négativement, aux questions suivantes.

MODÈLE: Y a-t-il des questions?
      Oui, il y en a.   Non, il n'y en a pas.

1. Y a-t-il des vérités absolues?
2. Y avait-il du monde chez elle?
3. Y aura-t-il de belles jeunes filles au dîner?
4. Y a-t-il des mariages parfaits?
5. Y a-t-il eu des disputes?

§56. **En** is also used to replace any noun occurring after any expression of quantity.

Il a acheté **trois chapeaux.**	*He bought **three hats**.*
Il **en** a acheté **trois.**	*He bought **three** (**of them**).*
J'ai mangé **beaucoup de rosbif.**	*I ate **lots of roast beef**.*
J'**en** ai mangé **beaucoup.**	*I ate **lots** (**of it**).*
Nous avons vu **plusieurs tableaux.**	*We saw **several paintings**.*
Nous **en** avons vu **plusieurs.**	*We saw **several** (**of them**).*

EXERCICE

*Transformez les phrases suivantes en mettant le pronom **en** à la place des noms.*

MODÈLE: Nous achetons beaucoup de journaux.
   Nous en achetons beaucoup.

1. Nous achetons quatre journaux.
2. Il a bu trois litres.
3. Vous n'avez pas assez de courage.
4. On voit très peu de générosité.
5. Il y aura tant d'occasions.
6. Je ne voudrais pas trop de responsabilités.
7. Nous avons examiné plusieurs exemplaires.
8. Il ne nous reste que cinq cigarettes.

§57. When the noun is the object of the preposition **de** (i.e., when the expression is not partitive), then the pronoun **en** is used with impersonal objects and stressed pronoun forms are used with personal objects. Compare:

Nous parlions **de la situation** poli-tique.	*We were speaking **about the** political **situation**.*
Nous **en** parlions.	*We were speaking **about it**.*

But:

Nous parlions **de Charles**.	*We were speaking **about Charles**.*
Nous parlions **de lui**.	*We were speaking **about him**.*[1]

EXERCICE

Transformez les phrases suivantes en mettant les pronoms convenables.

MODÈLE: Vous avez besoin d'argent.
   Vous en avez besoin.

---

[1] This distinction has become a point of grammar often violated even in fairly formal French. The average Frenchman might use *en* in both cases. In the reading selection by Rodolphe Bringer (p. 15), we find the following sentence: «Je savais camper une héroïne charmante, trop charmante même, car, dès la sixième page, je commençais à m'*en* éprendre, et pas plus tard que le troisième chapitre j'*en* étais amoureux fou.» Strictly correct French would have called for «je commençais à m'éprendre *d'elle*» and «j'étais amoureux fou *d'elle*». Unfortunately, this is not a question of choice but of usage, and the colloquial *en* may often be quite wrong when you decide to use it. It is better to remain on the safe side with the stressed pronouns.

1. Vous avez besoin de mes conseils.
2. Nous avons besoin de nos amis.
3. Je suis sûr de ma mère.
4. Je ne suis pas sûr de ces faits.
5. Vous n'avez pas peur de l'obscurité.
6. J'ai eu peur du traître.
7. Etes-vous content de cette explication?
8. Ils n'ont pas parlé de leurs parents.
9. Tout dépend de votre situation.
10. Cela dépend de ma femme.
11. Il vient de Paris.
12. Nous sommes sortis de l'école.

EXERCICE DE SYNTHÈSE

Transformez les phrases suivantes en mettant les pronoms convenables à la place des noms.

MODÈLES: Vous avez besoin de repos.
> *Vous en avez besoin.*
> J'ai donné le tableau à mon ami.
> *Je le lui ai donné.*

1. On a emprunté la maison à M. Plume.
2. Nous avions besoin de repos.
3. Il a demandé le prix au marchand.
4. Ils ne sont jamais allés en Italie.
5. Vous n'avez pas envoyé de fleurs à ma mère.
6. On n'a pas donné la marchandise à Charles.
7. Il n'y a plus de femmes comme elle.
8. Je vous ferai comprendre ce mouvement.
9. Je n'écris pas de romans.
10. Avez-vous répondu à sa lettre?
11. Parlerez-vous à mon père?
12. Je n'obéis plus à cet imbécile.
13. Vous expliquez les difficultés à vos amis.
14. Vous proposez des solutions ingénieuses.
15. On a vu beaucoup de morts.
16. Vous vous êtes aperçu du danger de la situation.

§58. When the main verb of the sentence has an infinitive complement, the usual sentence pattern has the pronoun objects occurring *before* the infinitive.

Je vais parler **au juge.**	*I'm going to talk **to the judge.***
Je vais **lui** parler.	*I'm going to talk **to him**.*
Vous pourriez **vous** installer **sur la terre.**	*You could settle (**yourself**) **on earth**.*
Vous pourriez **vous** y installer.	*You could settle (**yourself**) **there**.*
Nous voudrions envoyer **ce paquet à M. Plume.**	*We'd like to send **this package to Mr. Plume**.*
Nous voudrions **le lui** envoyer.	*We'd like to send **it to him**.*

If the infinitive is in the *negative*, the pronoun ordinarily occurs *after* the two negative particles:

| Il demanda au marchand de **ne pas** vendre la toile à son oncle. | *He asked the dealer **not to sell the canvas to his uncle.*** |
| Il demanda au marchand de **ne pas** la lui vendre. | *He asked the dealer **not to sell it to him**.* |

EXERCICE

Transformez les phrases suivantes en mettant les pronoms convenables.

MODÈLE: Je voudrais éviter cette question.
        Je voudrais l'éviter.

1. Il voudrait éviter ses responsabilités.
2. Je ne vais plus parler de cette affaire.
3. Vous aimeriez vendre ces peintures au marchand.
4. J'ai essayé de ne pas céder à mes passions.
5. On nous a demandé de ne jamais parler de cet accident.
6. Il vaudrait mieux donner l'argent à François.
7. Il faut regarder cette cathédrale.
8. J'aimerais mieux ne pas aller en Espagne.
9. Les fourmis vont manger les murs.
10. Je n'ai pas pu empêcher l'accident.
11. Il s'étonne de ne pas rencontrer le mur.

§59. There is, however, a limited group of verbs (*entendre, faire, laisser, regarder, voir*) that take infinitive complements and with which the pronoun occurs *before* the finite verb:

Nous **entendons partir les voitures.**	*We **hear the cars leaving**.*
Nous **les entendons partir.**	*We **hear them leaving**.*
Il **fait voir la marchandise.**	*He **shows the merchandise**.*
Il **la fait voir.**	*He **shows it**.*

Je **laisse parler cette femme.**	*I let this woman talk.*
Je **la laisse parler.**	*I let her talk.*
Il **voit venir le train.**	*He sees the train coming.*
Il **le voit venir.**	*He sees it coming.*

Notice that in these cases it is more sensible to think of the object noun as the object not of the infinitive, but rather of the verb-infinitive sequence.

EXERCICE

Répétez les phrases suivantes en mettant les pronoms convenables.

MODÈLE: Il regarde passer les jeunes filles.
   Il les regarde passer.

1. Nous regardons passer les gens.
2. Je vous ferai oublier le passé.
3. Il a laissé tomber ses paquets.
4. Vous avez vu partir les agents de police.
5. Cela ne fera pas rire mes parents.
6. J'entends venir l'inspecteur.
7. Nous voudrions voir arriver les avions.
8. Je pourrais vous faire envoyer les documents.
9. Ils ont entendu parler de l'exécution.

§60. Summary of pronoun positions.

	I	II	III	IV	V
	me				
	te	*le*	*lui*		
Subject + *ne*	*se*	*la*		*y*	*en* + Verb + *pas*
	nous	*les*	*leur*		
	vous				

Pronouns from columns I and III can never occur together, no matter what the syntax of the sentence. What happens is that when **me, te, se, nous,** or **vous** occurs as a direct object with a third person indirect object (e.g., He introduced *me to her, us to them,* etc.), then the third person indirect object becomes a *stressed* pronoun occurring after the verb and the preposition **à.**

Il **m'**a presente **à elle.**	*He introduced **me to her.***
Elle **s'**est intéressée **à eux.**	*She got (**herself**) interested **in them.***

The same occurs with any two pronouns from the same column:

Il **s'**est présenté **à moi**.   *He introduced **himself to me**.*

EXERCICE

Transformez les phrases suivantes en mettant les pronoms convenables.

Modèle: Il s'intéresse à l'histoire ancienne.
    Il s'y intéresse.

1. Il s'intéresse à la peinture.
2. Je m'intéresse à mes amis.
3. Elle se présente à son voisin de table.
4. On nous a envoyés à M. Plume.
5. Je vais vous présenter à mes parents.
6. Je vais vous présenter mon père.

THÈME

I stretched out my hand toward the wall. It wasn't there. The night table wasn't there either.[1] I thought: The ants have eaten them. I looked for the rugs. There weren't any. The floor was bare. Obviously, someone had stolen them from me. If I hadn't slept, maybe I wouldn't have lost them. I still had my bed. My wife was there beside me. I was no longer interested in her; it didn't matter to me when a train arrived and cut her into several pieces. There was a quantity of blood. It was very disagreeable and I tried not to think about it. I am going to be executed tomorrow. Meanwhile, let's try to sleep.

---

[1] Use *non plus*.

VI

Jean Dutourd

Particulier

Ce dialogue entre un père et son fils s'est déroulé le 1ᵉʳ janvier 1958 vers neuf heures du soir dans la ville de Washington, capitale des Etats-Unis d'Amérique. Il a le mérite de faire saisir la différence qui existe entre le particulier et le général.

JUNIOR: —Dites-moi, Pop, aimeriez-vous aller dans la lune?

POP: —Moi? Dans la lune? Pourquoi faire? Il n'y a personne, et j'ai lu dans le 5 *Scientific Digest* qu'il y fait très froid.

JUNIOR: —Autrement dit, Pop, rien ne vous semble mieux que notre petite maison air-conditionnée avec vue sur le Potomac?

POP: —Rien, Sonny.

JUNIOR: —Et les fusées, Pop, les spoutniks des vilains Rouges, les soucoupes 10 volantes, les voyages dans la voie lactée, qu'en pensez-vous?

POP: —Ma foi, Sonny, je n'en pense pas grand'chose. Pour vous dire le fond de mon sentiment,[1] cela me laisse assez indifférent. Ce n'est pas parce que vous irez passer vos vacances dans la lune au lieu de Miami que vous serez plus heureux. Moi, mon garçon, je ne m'intéresse qu'au cœur de l'homme, et vos 15 spoutniks, vos fusées téléguidées, vos satellites ne m'épatent pas plus que les trains électriques en miniature pour gosses de riches.

JUNIOR: —Comment, Pop, vous ne voulez pas que la lune, la planète Mars,

---

JEAN DUTOURD (1920-   ) est à la fois écrivain moraliste et écrivain comique. *Au bon beurre*, une satire des enrichis du marché noir durant la deuxième guerre mondiale, l'a rendu célèbre. Il aime à discuter des problèmes d'actualité et à présenter ses opinions sous forme de paradoxes moraux où perce une certaine nostalgie du passé.

[1] **Pour vous dire . . . sentiment:** To tell you what I really feel.

la Constellation du Chien et la planète de M. le Verrier[2] deviennent des colonies américaines?

POP: —Mon cher garçon, je m'en moque à un point que vous ne sauriez croire. Je vous répète que je ne m'intéresse qu'au cœur de l'homme. Quand les
5 Américains feront flotter notre drapeau sur la mer de la Sérénité,[3] ils n'en seront ni plus heureux ni meilleurs. Voilà ma philosophie et, croyez-moi, c'est la bonne.

JUNIOR: —Je le crois d'autant plus volontiers, Pop, que c'est aussi celle de M. le Président.[4]

POP: —Quoi? Le Président ne veut pas que la lune soit américaine?

10 JUNIOR: —Vous n'ignorez pas, Pop, que j'ai été mandaté par l'Association des Petits Castors de Lincoln[5] pour faire au Président le compliment du nouvel an.[6] Je lui ai donc adressé cet après-midi une harangue dans laquelle je lui souhaitais une bonne année, et où je formais le vœu que 1958 vît le débarquement des Américains dans la lune. Eh bien, Pop, le Président m'a répondu que la lune lui
15 était complètement indifférente, et qu'il préférait de beaucoup rester sur la terre. Vous voyez, Pop, qu'il est d'accord avec vous. Vous pourrez donner aux pauvres la panoplie d'explorateur intersidéral[7] que vous m'avez offerte pour Christmas. Achetez-moi plutôt un bon vieux costume de cow-boy.

POP: —Ah, mais c'est que cela change tout! Halte-là! Stop! Apprenez, petit
20 voyou, que j'ai parfaitement le droit de mépriser la lune et de ne m'intéresser qu'au cœur de l'homme, mais que le Président n'a pas ce droit-là. Son devoir est de conquérir la lune, même s'il trouve ça idiot. C'est pour cela que je le paye. Je veux un Président superpatriote, qui ne pense qu'à la grande Amérique et aux glorieux Etats-Unis, qui ambitionne de voir le drapeau étoilé flotter sur tous les
25 coins de l'Univers, qui désire qu'on parle le brooklynois sur Aldébaran,[8] qui exporte les short-stories de O. Henry jusque sur l'anneau de Saturne. C'est cela précisément, qui me permet de me moquer de la lune et d'étudier l'histoire de la peinture en Italie ou si vous préférez, les replis du cœur humain. Si le Président ne songe pas au débarquement dans la lune, je serai obligé de le faire à sa place,

---

[2] **la planète de M. le Verrier:** Neptune, discovered by the French astronomer Urbain le Verrier (1811–1877). He postulated its existence mathematically, based on irregularities in the orbit of Uranus. When his hypothesis was confirmed by an actual telescope sighting of Neptune, Le Verrier did not bother to look at it. He knew it was there.

[3] **mer de la Sérénité:** Sea of Serenity, a large crater on the surface of the moon.

[4] **Je le crois . . . M. le Président:** I believe it all the more readily, Pop, since it is also that of the President.

[5] **l'Association . . . de Lincoln:** the Association of Lincoln's Little Beavers (an imaginary organization, apparently patterned after the Cub Scouts).

[6] **pour faire . . . nouvel an:** to deliver a New Year's greeting to the President.

[7] **panoplie . . . intersidéral:** space suit (*lit.*, armored suit of interstellar explorers).

[8] **Aldébaran:** a brilliant red star in the constellation Taurus.

ce qui m'ennuiera prodigieusement—et d'ailleurs n'est pas dans mes cordes.[9] Quant à vous, je vous ordonne de penser avec amour à un système solaire panaméricain, car c'est ainsi qu'il faut penser à l'âge de douze ans qui est le vôtre. Et maintenant, pour imprimer dans votre esprit ces vérités élémentaires, je vous prie de baisser votre culotte afin que je vous administre une fessée. Cela vous montrera que je ne suis pas un père américain comme les autres. Vous pourrez, ensuite, si vous en avez envie, écrire une lettre de protestation à la Société de Psychanalyse.

QUESTIONS

1. Où ce dialogue se déroule-t-il?
2. Quel mérite l'auteur trouve-t-il dans ce dialogue?
3. Pourquoi Pop ne voudrait-il pas aller dans la lune?
4. Pourquoi ne s'intéresse-t-il pas aux fusées, aux spoutniks, aux soucoupes volantes?
5. A quoi s'intéresse-t-il alors?
6. Si le drapeau américain flotte sur la mer de la Sérénité, qu'est-ce que cela suppose?
7. Quelle est la réaction du père en apprenant que le Président est d'accord avec lui?
8. Comment Junior sait-il l'avis du Président sur ce point?
9. Pourquoi Junior ne veut-il plus de sa panoplie d'explorateur intersidéral?
10. Pourquoi, selon Pop, le Président n'a-t-il pas le droit de se moquer de la conquête de la lune?
11. Quelle sorte de Président Pop veut-il?
12. Que fait Pop pour imprimer dans l'esprit de son fils ces vérités élémentaires?
13. A qui le fils pourra-t-il adresser ses protestations?

QUESTIONS FACULTATIVES

1. Ce dialgue est construit sur une opposition d'idées. Quelles sont ces deux positions?
2. Comment ce dialogue fait-il saisir la différence qui existe entre le particulier et le général?
3. Pourquoi le père, tout en étant sûr d'avoir raison, ne veut-il pas que le Président pense comme lui? N'y a-t-il pas là une contradiction?

---

[9] **et d'ailleurs . . . mes cordes:** and besides is not in my line.

4. Lorsque l'auteur fait dire au père que les spoutniks et les satellites ne l'épatent pas plus que les trains électriques pour gosses de riches, quelle est l'intention de cette comparaison?

5. Il y a dans ce dialogue une moquerie assez appuyée de certaines façons d'être américaines. Donnez-en quelques exemples.

STRESSED PRONOUNS

§61. The stressed pronouns (**moi, toi, lui, elle, nous, vous, eux, elles**) occur in a variety of positions in French, typically at the end of a phrase. While the *un*stressed object pronouns usually occur between subject and verb (*il* me *parlait*), the stressed pronouns can occupy almost any position.

We find them, for example, after prepositions:

Le train arrivait **sur eux.**	*The train was coming **toward them.***
Je voudrais loger **chez toi.**	*I'd like to live **with you.***
Elle comptait **sur lui.**	*She was counting **on him.***

In sentences of this type, the structure of the French sentence is parallel to the corresponding English structure. The only interference comes from French itself: in the unstressed position the pronoun **lui** is either masculine or feminine (*Je lui parle*, I speak to him *or* to her), while in the stressed position **lui** is always masculine and **elle** is used for the feminine (*Je comptais sur elle*, I was counting on her). Note then that in the third-person forms there is always this distinction to be made:

	⌠moi		⌠me
	⎪toi		⎪you
Albert est d'accord avec	⎨lui, elle[1]	Albert agrees with	⎨him, her
	⎪nous		⎪us
	⎪vous		⎪you
	⌊eux, elles		⌊them

EXERCICES

I. Remplacez les noms par les pronoms convenables.

Modèle: Je suis d'accord avec le Président.
Je suis d'accord avec lui.

1. Le dialogue se déroule entre les deux hommes.
2. On voit la différence entre les sœurs.

---

[1] **Soi** is used if the antecedent is indefinite: *On n'avait pas d'argent sur **soi*** (They didn't have any money on **them**); *Chacun pensait à **soi*** (Each one thought about **himself**).

77

3. Il est d'accord avec mon père.
4. Quant à son père, il est toujours absent.
5. Je compte sur mes amis.
6. Il s'est arrêté devant son ancienne amie.
7. Il passe ses vacances chez ses grands-parents.
8. Nous allons à Miami avec nos cousines.

II. *Répondez affirmativement aux questions suivantes en employant les pronoms convenables.*

MODÈLE: Etes-vous d'accord avec moi?
              Oui, je suis d'accord avec vous.

1. Comptez-vous sur moi?
2. Avez-vous acheté ce costume de cow-boy pour votre fils?
3. Voulez-vous aller dans la lune avec moi?
4. Avez-vous été envoyé par les Petits Castors?
5. Etes-vous d'accord avec vos sœurs?
6. Avez-vous dansé avec cette grosse femme?
7. Avez-vous de l'argent sur vous?
8. Avez-vous confiance en vos parents?

§62. Be careful not to let this pattern come into sentences that require the *unstressed* pronoun, those in which the preposition is **à** or **de**:

Je parle **à Marie**.	*I speak **to Mary**.*
Je **lui** parle.	*I speak **to her**.*
Nous parlons **de la situation**.	*We are speaking **of the situation**.*
Nous **en** parlons.	*We are speaking **of it**.*
Vous allez **à la plage**.	*You're going **to the beach**.*
Vous **y** allez.	*You're going **there**.*

Note, however, that there are important exceptions. If, for example, the verb is reflexive and the object is a person, then the stressed pronoun is used:[2]

Je m'intéresse **à votre fiancée**.	*I'm interested **in your fiancée**.*
Je m'intéresse **à elle**.	*I'm interested **in her**.*
Elle se moque **des vieillards**.	*She's making fun **of the old men**.*
Elle se moque **d'eux**.	*She's making fun **of them**.*

---

[2] If the objects are impersonal, **y** and **en** are used: *Je m'intéresse à la peinture*: *Je m'y intéresse* (I am interested **in** painting: I'm interested **in it**); *Je me moque **des** soucoupes volantes*: *Je m'**en** moque* (I don't care **about** flying saucers: I don't care **about them**). This is an extension of the principle discussed in §60.

EXERCICE DE SYNTHÈSE

Remplacez les noms par les pronoms convenables.

MODÈLE: Nous logeons chez Roger.
        Nous logeons chez lui.

  1. J'y suis allé avec mes neveux.
  2. Il voudrait loger chez cette dame.
  3. Nous avons parlé aux journalistes.
  4. Il se souviendra de cette jeune fille.
  5. On ne s'intéresse plus à ce monstre.
  6. Il refuse ce droit au Président.
  7. Nous n'avons plus besoin de ces drapeaux.
  8. Nous n'avons pas peur de ces femmes.
  9. Mon père s'intéresse beaucoup à la danse.

§63. Certain verbs that are not reflexive follow the same pattern, using stressed personal objects after the preposition **à**, but unstressed **y** if the object is impersonal:

Je pensais **à mes amis**.	*I was thinking **about my friends**.*
Je pensais **à eux**.	*I was thinking **about them**.*
Nous avions pensé **à la lune**.	*We had thought **about the moon**.*
Nous **y** avions pensé.	*We had thought **about it**.*

Fortunately, there are not many verbs in this category. The most important are *penser, songer,* and *réfléchir.*[3]

EXERCICE

Répondez affirmativement aux questions en mettant le pronom convenable.

MODÈLE: Pensez-vous à la gloire?
        Oui, j'y pense.

  1. Pensez-vous aux soucoupes volantes?
  2. Avez-vous réfléchi à ce problème?
  3. Pensez-vous à vos anciennes amies?

---

[3] And also, but much less frequent in occurrence, the verbs *aller, venir,* and *courir: Il va à elle* (He goes to her); *Il vient à moi* (He comes to me); etc.

4. Pensez-vous à vos enfants?
5. Songe-t-il au tableau de Manet?
6. Songe-t-il à Manet?
7. Réfléchit-il à son destin?
8. Pense-t-elle à la conquête de la lune?

§64. The stressed forms are used with **ne . . . que** and **ne . . . ni . . . ni**:

Elle n'a vu **que toi**.   *She saw **only you**.*
Elle **ne** parlait **qu'à eux**.   *She spoke **only to them**.*
Nous **ne** connaissons **ni lui ni elle**. *We know **neither him nor her**.*

EXERCICES

I. Répondez selon le modèle.

MODÈLE: Avez-vous vu le docteur?
     Je n'ai vu que lui.

1. Parlerez-vous à la directrice?
2. M'attendez-vous?
3. Avez-vous invité les Petits Castors?
4. Est-ce qu'ils nous ont regardés?
5. Cherchez-vous Odette?
6. Est-ce que cela fait plaisir à vos parents?
7. Avez-vous rencontré le Président?
8. Avez-vous parlé à ces petits voyous?

II. Répondez selon le modèle.

MODÈLE: Je n'ai pas vu le Président; je n'ai pas vu sa femme.
     Je n'ai vu ni lui ni elle.

1. Vous ne pensez pas à moi; vous ne pensez pas à Alice.
2. Je ne me moque pas de ta sœur; je ne me moque pas de toi.
3. Je ne cherche pas François; je ne cherche pas sa fille.
4. Nous ne vous attendons pas; nous n'attendons pas vos amis.

§65. The stressed forms are always used with compound subjects:

Lui et **moi, nous** allons à Miami.   ***He** and **I** are going to Miami.*
Toi et **elle, vous** n'en serez pas plus ***You** and **she** will be no happier for it.*
heureux.

Elle et **lui** ne sont plus d'accord.	*She and he no longer agree.*[4]

In English most of us have learned to be careful to use subject forms in this position, although we may remember that as children we often used to say such things as "Him and me were playing hopscotch." In French we can properly revert to our antigrammatical impulse to use "object" forms here.

Stressed forms are also used with compound objects:

Il a parlé **à Georges et à moi**.	*He talked **to George and me**.*
On **nous** a vus **toi et moi**.	*They saw **you and me**.*[5]
On **les** cherchait **lui et son ami**.	*They were looking for **him and his friend**.*

EXERCICE

Traduisez en français.

1. She and I are going to Chicago.
2. I saw him and Louise on January 1.
3. We wished her and her father a happy new year.
4. You and Jack seem very tired.
5. He and she will spend their vacation in Miami.
6. That leaves (both) her and me indifferent.

§66. The stressed forms occur when the pronoun is used <u>alone</u> or after **ce +** **être**:

Moi? Dans la lune?	*Me? To the moon?*
C'est **moi**.	*It is I.*
Qui est là? C'est **elle**.	*Who's there? It's she.*

When the pronoun is **eux** or **elles**, it is better to use **ce sont** instead of **c'est**:

Est-ce que **ce sont vos amis**?	*Is it your friends?*
Oui, **ce sont eux**.	*Yes, it's they.*

---

[4] It is standard in modern French to use the resumptive pronouns **nous** and **vous**—**ils** is optional—in sentences of this sort. You will, however, see occasional examples without the resumptive pronoun: *Lui et moi allons* (He and I are going); *Toi et elle serez étonnés* (You and she will be amazed).

[5] It is customary, as here, to use the unstressed pronouns—**nous, vous, les, leur**—in anticipation of the stressed forms.

EXERCICE

Répondez selon le modèle.

MODÈLE: Est-ce que c'est Paul?
        Oui, c'est lui.

1. Est-ce que ce sont vos parents?
2. Est-ce que c'est vous?
3. Est-ce que c'est le diable?
4. Est-ce que ce sont les danseuses?
5. Est-ce que c'est moi?
6. Est-ce que c'est sa fiancée?

§67. We can also *emphasize* by using the stressed pronouns with **ce** + **être**:

C'est moi qui l'ai fait.	*I did it.*
C'est lui qui l'a fait.	*He did it.*
Ce n'est pas **vous** qui l'avez fait.	*You didn't do it.*

EXERCICE

Transformez les phrases suivantes selon le modèle.

MODÈLE: Je parle.
        C'est moi qui parle.

1. Il a trouvé la solution.
2. Nous avons acheté la peinture.
3. Je lui parlerai.
4. Vous ne l'avez pas demandé.
5. Je n'ai pas envoyé la lettre.
6. Tu l'as assassiné.
7. Nous y avons pensé.
8. Ils ont fait ce travail.

§68. Objects of verbs and prepositions can also be emphasized by using **c'est** and the stressed pronouns:

C'est vous que je cherchais.	*I was looking for **you**.*
C'est à moi qu'il parlait.	*He was talking **to me**.*
C'est avec elle que j'y suis allé.	*I went there **with her**.*

EXERCICE

Répondez selon le modèle.

Modèle: Est-ce que vous me parliez?
        Oui, c'est à vous que je parlais.

   1. Y êtes-vous allé avec elle?
   2. Est-ce que vous m'attendez?
   3. Est-ce que vous lui avez donné cela?
   4. Est-ce que vous avez besoin de moi?
   5. Est-ce qu'elle pense à vous?
   6. Est-ce qu'elle me regarde?

§69. In some cases simply putting the stressed pronoun before the unstressed form will give the desired emphasis:

Moi, je ne m'intéresse qu'au cœur de l'homme.	*I am interested only in the human heart.*
Toi, tu t'en moques.	*You don't care.*
Lui n'en pense pas grand'chose.[6]	*He doesn't think much of it.*

Qualification of the subject pronoun also generally calls for stressed pronouns:

Toi aussi, tu penses comme ça.	*You think that way **too**.*
Lui seul me comprend.	*Only **he** understands me.*
Eux non plus ne comprennent pas.	*They don't understand **either**.*

EXERCICES

I. Transformez les phrases suivantes selon le modèle.

Modèle: Je ne m'y intéresse pas.
        Moi, je ne m'y intéresse pas.

   1. Je voudrais aller dans la lune.
   2. Tu as passé tes vacances en Europe.
   3. Il ne veut pas que la lune soit américaine.
   4. Je ne suis pas d'accord avec lui.
   5. Tu trouves ça idiot.
   6. Il préfère rester sur la terre.

---

[6] Note that with **lui** and **eux** the unstressed pronoun is usually omitted.

7. Tu n'es pas de son avis.
8. Ils feront flotter le drapeau sur la mer de la Sérénité.
9. Ils ne s'y intéressent pas.
10. Il est paisible.

II. *Transformez les phrases précédentes selon les modèles.*

(1) *Phrases affirmatives:* Je suis content.
                          Moi aussi je suis content.
(2) *Phrases négatives:*   Je ne suis pas content.
                          Moi non plus je ne suis pas content.

§70. In summary, the stressed pronoun generally occurs in the same position as the noun it replaces. The only place where it can never occur is between the subject and verb, where the unstressed object falls (*Il la connaît*). The following exercise has pronoun substitutions of both sorts, some stressed, some unstressed.

EXERCICES

I. *Répondez affirmativement en mettant les pronoms convenables.*

MODÈLES: Parliez-vous au Président?
          Oui, je lui parlais.
          Vous a-t-on présenté au Président?
          Oui, on m'a présenté à lui.

1. Etes-vous d'accord avec le Président?
2. Vous intéressez-vous à la lune?
3. Vous intéressez-vous à Louise?
4. Pensez-vous à vos ancêtres?
5. Pensez-vous aux fusées téléguidées?
6. Parliez-vous à la danseuse?
7. Parliez-vous dans la cuisine?
8. Ne parliez-vous qu'à Françoise?
9. Vous moquez-vous des soucoupes volantes?
10. Vous moquez-vous de mes amis?
11. Avez-vous vu les deux sœurs?
12. Voyez-vous la différence entre les deux sœurs?
13. Ne connaissez-vous que les deux frères?
14. Voudriez-vous loger chez les deux sœurs?
15. Allez-vous parler aux deux frères?
16. Est-ce que ce sont vos cousins?

17. Est-ce que les morceaux se trouvaient près de Plume?
18. Voulez-vous me présenter à votre mère?
19. Avez-vous besoin de mon aide?
20. Avez-vous besoin de votre mère?

II. *Traduisez en français.*

1. He and I agree with you.
2. I was thinking about her.
3. Did she speak only to you?
4. I'm not going there with her.
5. We were counting on them.
6. Only they know that.
7. We were talking about you.
8. Will you think of me?
9. *I* like red wine; *he* prefers white wine.
10. They will arrive before me.

§71. Pronouns with the negative imperative present no new problem. The regular unstressed pronouns are used in their normal position. The sentence form is imperative only by virtue of the suppression of the subject pronoun:

Vous **ne me le** donnez **pas.**	*You're not giving it to me.*
Ne me le donnez **pas.**	*Don't give it to me.*
Nous **ne la leur** demandons **pas.**	*We're not asking them for it.*
Ne la leur demandons **pas.**	*Let's not ask them for it.*
Tu **ne lui** parles **plus.**	*You don't talk to him any more.*
Ne lui parle **plus.**	*Don't talk to him any more.*
Tu **ne te** dépêches **pas.**	*You don't hurry.*
Ne te dépêche **pas.**	*Don't hurry.*

EXERCICE

Transformez les phrases suivantes selon le modèle.

MODÈLE: Vous ne vous dépêchez pas.
        Ne vous dépêchez pas.

1. Vous n'y pensez pas.
2. Nous ne leur répondons plus.
3. Vous ne vous asseyez pas.
4. Tu ne lui dis rien.

5. Vous ne nous en envoyez plus.
6. Nous ne nous en moquons pas.
7. Tu ne les lui expliques pas.

§72. In the affirmative imperative, however, the pronouns come after the verb
and a hyphen, and **moi** and **toi** are used in place of **me** and **te**:

Vous **me** répondez.	*You answer me.*
Répondez-**moi**.	*Answer me.*
Tu **te** dépêches.	*You are hurrying.*
Dépêche-**toi**.	*Hurry!*
Vous **le** regardez.	*You're looking at him.*
Regardez-**le**.	*Look at him.*
Tu **lui** parles.	*You're talking to him.*
Parle-**lui**.	*Talk to him.*
Vous **nous** cherchez.	*You're looking for us.*
Cherchez-**nous**.	*Look for us.*
Vous **vous** couchez.	*You're going to bed.*
Couchez-**vous**.	*Go to bed.*

EXERCICE

Transformez les phrases suivantes selon le modèle.

MODÈLE: Vous lui parlez.
         Parlez-lui.

1. Nous lui obéissons.
2. Tu nous réponds.
3. Vous en parlez.
4. Nous nous couchons.
5. Tu me regardes.
6. Vous lui donnez quelque chose.
7. Vous vous levez de bonne heure.

§73. When there are two pronouns with the affirmative imperative, the direct
object pronoun comes first. Note the hyphenation:

Donnez-**les-moi**.	*Give them to me.*
Envoyez-**le-lui**.	*Send it to him.*

But if **en** is one of the pronouns, it comes last (**moi** and **toi** contracting to **m'** and **t'**):

Donnez-**m'en**.   *Give me some.*
Va-**t'en**.   *Go away.*

EXERCICES

I. Transformez les phrases suivantes en mettant le pronom convenable.

Modèles: Donnez-lui le drapeau.   Donnez-lui des costumes.
          Donnez-le-lui.   *Donnez-lui-en.*

1. Expliquez-lui la différence.
2. Dites-moi le fond de votre sentiment.
3. Moquez-vous de la lune.
4. Faites-lui des compliments.
5. Faites-moi le compliment du nouvel an.
6. Donnez-leur ce costume.
7. Racontez-moi des histoires.
8. Envoyez-leur cette histoire d'amour.
9. Demandons-lui des renseignements.
10. Achète-moi ces costumes.

II. Transformez selon le modèle.

Modèle: Ne lui donnez pas le drapeau.
          Ne le lui donnez pas.

1. Ne lui demandez pas l'explication.
2. Ne vous moquez pas des soucoupes volantes.
3. Ne leur donnons pas ces droits.
4. Ne nous apporte pas de livres.
4. Ne me racontez pas cette histoire.
6. Ne me dites plus de mensonges.
7. Ne lui envoyez pas ces documents.
8. Ne leur offre pas d'argent.
9. Ne te moque pas de mes souffrances.
10. Ne leur montrez pas cette lettre.

III. Traduisez en français.

1. Don't talk to me.
2. Send them to her.

3. Don't make fun of me.
4. Give him some.
5. Let's give them to the poor.
6. Let's not ask them for any.

PROBLÈMES PARTICULIERS

§74. *Penser à* versus *penser de.*   Note the following sentences:

Pensez à un système solaire pan-américain.	*Think of an all-American solar system.*
Il **pense aux** glorieux Etats-Unis.	*He **thinks of** the glorious United States.*

This would perhaps not cause so much difficulty if it were not for the fact that we also find the following:

Que **pensez**-vous **du** Président?	*What do you **think of** the President?*
Que **pensez**-vous **des** soucoupes volantes?	*What do you **think of** flying saucers?*

Here the structure is entirely parallel, with **de** corresponding comfortably to *of.* The expression **penser de**, however, is quite limited. It is used only when *asking for* or *giving an opinion.* Compare the following sentences:

Pensez-vous **à** Charles?	*Are you **thinking about** Charles?*
Oui, je **pense à lui.**	*Yes, I'm **thinking about** him.*
Que **pensez**-vous **de** Charles?	*What do you **think of** Charles?*
Je ne sais pas ce que je **pense de lui.**	*I don't know what I **think of** him.*
Pensez-vous **aux** soucoupes volantes?	*Are you **thinking about** flying saucers?*
Oui, j'**y pense** sans cesse.	*Yes, I **think about** them all the time.*
Que **pensez**-vous **des** soucoupes volantes?	*What do you **think about** flying saucers?*
Ma foi, je n'**en pense** pas grand'-chose.	*Oh dear, I don't **think** much **of them.***

EXERCICE

Traduisez en français.

1. Will you think of me?
2. What will you think of me?

3. I think about her all the time.
4. What do you think of her?
5. What do you think of it?
6. Think of it!
7. Don't think about it.
8. I don't think much of it.
9. I know what I think of her.
10. I wasn't thinking about anything.

§75. *The right* and *the wrong* are rendered in French by **le bon** and **le mauvais**.[7]

C'est **la bonne** route.	*It's **the right** road.*
C'est **le mauvais** livre.	*It's **the wrong** book.*
Voilà ma philosophie et, croyez-moi, c'est **la bonne**.	*That's my philosophy and, believe me, it's **the right one**.*

EXERCICE

Traduisez en français.

1. I'm sorry, you come at the wrong time.
2. I think that this is the wrong street.
3. Are we on the right planet?
4. Did you bring the right flag?
5. You're wearing the wrong costume.
6. You have an idea, but it's not the right one.

THÈME

This is perhaps not the time to speak of them, but he and she have an air-conditioned apartment with a view of the Seine. Erik and I went to their home last Sunday and we were surprised to learn that these intelligent people are exclusively interested in flying saucers and trips to the moon. As for me, I am profoundly indifferent to these things. I am only interested in the human heart, the most interesting thing in the universe, infinitely complex and yet so simple. Erik agrees with me. We're sure that they see life from the wrong angle.[8]

---

[7] But do not confuse them with **avoir raison/tort**: *Vous avez raison* (You are right); *Vous avez tort* (You are wrong).

[8] **from the wrong angle:** *du mauvais côté.*

VII

Charles Baudelaire

La Fausse Monnaie

Comme nous nous éloignions du bureau de tabac, mon ami fit un soigneux triage de sa monnaie; dans la poche gauche de son gilet il glissa de petites pièces d'or; dans la droite, de petites pièces d'argent; dans la poche gauche de sa culotte, une masse de gros sols,[1] et enfin, dans la droite, une pièce d'argent de deux francs qu'il avait particulièrement examinée. 5

«Singulière et minutieuse répartition!» me dis-je en moi-même.

Nous fîmes la rencontre d'un pauvre qui nous tendit sa casquette en tremblant.

Je ne connais rien de plus inquiétant que l'éloquence muette de ces yeux suppliants, qui contiennent à la fois, pour l'homme sensible qui sait y lire, tant d'humilité, tant de reproches. Il trouve quelque chose approchant cette pro- 10 fondeur de sentiment compliqué dans les yeux larmoyants des chiens qu'on fouette.

L'offrande de mon ami fut beaucoup plus considérable que la mienne, et je lui dis: «Vous avez raison; après le plaisir d'être étonné, il n'en est pas de plus grand que celui de causer une surprise. —C'était la pièce fausse», me répondit-il 15 tranquillement, comme pour se justifier de sa prodigalité.

CHARLES BAUDELAIRE (1821–1867) est sans aucun doute l'un des plus grands poètes du XIXᵉ siècle et celui dont l'influence a été la plus considérable sur la poésie moderne, non seulement en France mais dans le monde entier. *Les Fleurs du mal* et *Les Petits Poèmes en prose* ont assuré sa réputation de poète, mais il a été aussi un remarquable critique de peinture et de musique.

[1] **sols** (more often **sous**): a coin, no longer in use, worth one-twentieth of a franc, roughly the equivalent of a penny.

Mais dans mon misérable cerveau, toujours occupé à chercher midi à quatorze heures[2] (de quelle fatigante faculté la nature m'a fait cadeau!), entra soudainement cette idée qu'une pareille conduite, de la part de mon ami, n'était excusable que par le désir de créer un événement dans la vie de ce pauvre diable, peut-être
5 même de connaître les conséquences diverses, funestes ou autres, que peut engendrer une pièce fausse dans la main d'un mendiant. Ne pouvait-elle pas se multiplier en pièces vraies? ne pouvait-elle pas aussi le conduire en prison? Un cabaretier, un boulanger, par exemple, allait peut-être le faire arrêter comme faux-monnayeur ou comme propagateur de fausse monnaie. Tout aussi bien la
10 pièce fausse serait peut-être, pour un pauvre petit spéculateur, le germe d'une richesse de quelques jours. Et ainsi ma fantaisie allait son train,[3] prêtant des ailes à l'esprit de mon ami et tirant toutes les déductions possibles de toutes les hypothèses possibles.

Mais celui-ci rompit brusquement ma rêverie en reprenant mes propres
15 paroles: «Oui, vous avez raison; il n'est pas de plaisir plus doux que de surprendre un homme en lui donnant plus qu'il n'espère.»

Je le regardais dans le blanc des yeux, et je fus épouvanté de voir que ses yeux brillaient d'une incontestable candeur. Je vis alors clairement qu'il avait voulu faire à la fois la charité et une bonne affaire; gagner quarante sols et le
20 cœur de Dieu; emporter le paradis économiquement; enfin attraper gratis un brevet d'homme charitable. Je lui aurais presque pardonné le désir de la criminelle jouissance dont je le supposais tout à l'heure capable; j'aurais trouvé curieux, singulier, qu'il s'amusât à compromettre les pauvres; mais je ne lui pardonnerai jamais l'ineptie de son calcul. On n'est jamais excusable d'être méchant, mais il
25 y a quelque mérite à savoir qu'on l'est; et le plus irréparable des vices est de faire le mal par bêtise.

QUESTIONS

1. Que fait l'ami en s'éloignant du bureau de tabac?
2. Laquelle de ses pièces de monnaie retient particulièrement son attention?
3. Quelle est la réaction du narrateur en voyant la façon dont son ami répartit son argent?
4. L'auteur parle du plaisir de «causer une surprise». Quelle est cette surprise?
5. Comment l'ami justifie-t-il sa prodigalité?
6. Comment l'imagination de Baudelaire lui fait-elle d'abord interpréter ce cadeau d'une pièce fausse?

---

[2] **chercher . . . quatorze heures:** to seek overly subtle explanations.
[3] **ma fantaisie . . . son train:** my imagination bounded along.

7. Quels sont les véritables motifs de l'ami en donnant une pièce qu'il sait fausse?

8. Quelle justification aurait-on pu trouver à la conduite de l'ami s'il avait agi par méchanceté?

9. Quel est le plus irréparable des vices?

QUESTIONS FACULTATIVES

1. Quelle impression Baudelaire veut-il créer en décrivant de façon si précise la manière dont son ami range son argent?

2. Quelle est l'utilité des mots «particulièrement examinée» qui finissent le premier paragraphe?

3. Quelle impression doit faire le pauvre au lecteur? Comment la comparaison avec un chien qu'on fouette vient-elle renforcer cette impression?

4. Si d'un point de vue strictement moral l'explication inventée par Baudelaire n'est pas meilleure que la véritable, pourquoi lui semble-t-elle plus excusable?

5. Le récit se termine sur le mot «bêtise», qui prend ainsi une importance particulière. Pouvez-vous justifier cette importance?

THE SUBJUNCTIVE MOOD

§76. The present subjunctive is, in general, formed from the third person plural of the indicative:

> ils **demand**ent
> ils **finiss**ent
> ils **attend**ent

To this stem we add the following endings:

$$\begin{matrix} \text{demand} \\ \text{finiss} \\ \text{attend} \end{matrix} \left\{ \begin{matrix} \text{e} \\ \text{es} \\ \text{e} \\ \text{ions} \\ \text{iez} \\ \text{ent} \end{matrix} \right.$$

In all conjugations the **nous** and **vous** forms are thus identical with those of the imperfect:

$$\text{Il faut que} \left\{ \begin{matrix} \text{nous demand}\textbf{ions} \\ \text{vous finiss}\textbf{iez} \\ \text{nous attend}\textbf{ions} \end{matrix} \right.$$

In the *first conjugation*—verbs ending in **-er**—the present indicative and the subjunctive are otherwise the same:

$$\text{Il faut} \left\{ \begin{matrix} \text{que} \left\{ \begin{matrix} \text{je demand}\textbf{e} \\ \text{tu demand}\textbf{es} \end{matrix} \right. \\ \text{qu'} \left\{ \begin{matrix} \text{il demand}\textbf{e} \\ \text{ils demand}\textbf{ent} \end{matrix} \right. \end{matrix} \right.$$

In the *second conjugation*—verbs ending in **-ir**—the distinctive feature of the subjunctive is the appearance of the **-iss-** infix in the singular:

Je fin**is**	*but*	Il faut que je fin**isse**
Tu fin**is**		Il faut que tu fin**isses**
Il fin**it**		Il faut qu'il fin**isse**

In the *third conjugation*—verbs ending in **-re**—the stem consonant, silent in the indicative, is supported[1] in the subjunctive and therefore sounded:

J'atten**ds**	*but*	Il faut que j'atten**de**
Tu atten**ds**		Il faut que tu atten**des**
Il atten**d**		Il faut qu'il atten**de**

Irregular verbs ending in **-ir** are similarly characterized by the supported, and therefore pronounced, stem consonant:

Ils sor**tent**	Je sors	*but*	Il faut que je sor**te**
Ils par**tent**	Il part		Il faut qu'il par**te**
Ils sen**tent**	Tu sens		Il faut que tu sen**tes**
Ils ser**vent**	Je sers		Il faut que je ser**ve**

Verbs having two stems in the indicative have two stems in the subjunctive, the stem for the singular and the third person plural being derived regularly from the third person plural:

Ils vienn**ent**	Il faut	que je **vienne**
		que tu **viennes**
		qu'il **vienne**
		qu'ils **viennent**
		que nous **venions**
		que vous **veniez**
Ils boiv**ent**	Il faut	que je **boive**
		que tu **boives**
		qu'il **boive**
		qu'ils **boivent**
		que nous **buvions**
		que vous **buviez**

Note that here again the **nous** and **vous** forms are identical with those of the imperfect.

The following verbs have stems that do not derive from the third person plural of the indicative:

Etre	Il faut	que je **sois**	**Pouvoir**	Il faut	que je **puisse**
		que tu **sois**			que tu **puisses**
		qu'il **soit**			qu'il **puisse**
		que nous **soyons**			que nous **puissions**
		que vous **soyez**			que vous **puissiez**
		qu'ils **soient**			qu'ils **puissent**

---

[1] A consonant is said to be supported when it is followed by a vowel. As a rule this determines whether it will be pronounced or not: *je sors* ends in an unsupported consonant, while . . . *que je sorte* has a supported consonant.

Aller	Il faut	que j'**aille**	Savoir	Il faut	que je **sache**
		que tu **ailles**			que tu **saches**
		qu'il **aille**			qu'il **sache**
		que nous **allions**			que nous **sachions**
		que vous **alliez**			que vous **sachiez**
		qu'ils **aillent**			qu'ils **sachent**
Avoir	Il faut	que j'**aie**	Valoir	Il faut	que je **vaille**
		que tu **aies**			que tu **vailles**
		qu'il **ait**			qu'il **vaille**
		que nous **ayons**			que nous **valions**
		que vous **ayez**			que vous **valiez**
		qu'ils **aient**			qu'ils **vaillent**
Faire	Il faut	que je **fasse**	Vouloir	Il faut	que je **veuille**
		que tu **fasses**			que tu **veuilles**
		qu'il **fasse**			qu'il **veuille**
		que nous **fassions**			que nous **voulions**
		que vous **fassiez**			que vous **vouliez**
		qu'ils **fassent**			qu'ils **veuillent**

Note that for the verbs **aller**, **valoir**, and **vouloir** the stem changes for the **nous** and **vous** forms, just as it does, in a different way, in the indicative.

EXERCICES

I. Transformez les phrases suivantes selon le modèle.

Modèlè: Vous demandez le prix.
        Il faut que vous demandiez le prix.

1. Vous examinez la pièce.
2. Nous glissons les pièces dans la poche.
3. Vous trouvez la pièce d'argent.
4. Vous saisissez la différence.
5. J'attends mes amis.
6. Il répond franchement.
7. Tu finis de parler.
8. Je choisis une casquette.
9. Je connais les conséquences.
10. Il part tout de suite.
11. Je sors du bureau de tabac.
12. Nous sentons cette éloquence muette.
13. Vous êtes d'accord avec moi.
14. Nous lui faisons une surprise.

15. Elle vient me voir en prison.
16. Je le fais arrêter.
17. Nous avons de l'imagination.
18. Je vais au bureau.
19. Vous savez où vous êtes.
20. Je suis généreux.

II. *Transformez les phrases suivantes selon le modèle.*

MODÈLè: Il s'en va.
   Je trouve curieux qu'il s'en aille.

1. Vous glissez l'argent dans votre poche.
2. Il examine la pièce soigneusement.
3. Il fait une minutieuse répartition.
4. Vous le faites arrêter.
5. Vous vous excusez de votre prodigalité.
6. Il nous tend sa casquette.
7. Il ne répond pas.
8. Tu attends si longtemps.
9. Tu ne peux pas comprendre.
10. Il n'en connaît pas les conséquences.
11. Vous voulez faire la charité.
12. Tu compromets les pauvres.
13. Vous savez ce que vous êtes.
14. Nous sommes de bons amis.

§77. The subjunctive occurs most often in sentences of the following type:

Mon père **veut que nous fassions** ce travail.	*My father **wants us to do** this work.*

The subjunctive occurs in the dependent chause, after the conjunction **que**, and is introduced by a main clause that calls for a subjunctive. However, the same general sentence structure can call for the indicative:

Mon père **sait que nous faisons** ce travail.	*My father **knows that we're doing** this work.*

Thus the question is: What in the main clause signals a subjunctive? It is, as always, difficult to generalize, but as a rule expressions of *doubt, judgment, necessity, regret*—emotional rather than matter-of-fact material—call for the subjunctive. It is best to look at many examples.

The following impersonal expressions require a subjunctive:

Il faut	*It is necessary*
Il vaut mieux	*It is better*
Il est important	*It is important*
Il est possible	*It is possible*
Il se peut	*It is possible*
Il est bon	*It is good*
Il est essentiel	*It is essential*
Il est douteux	*It is doubtful*
Il est juste	*It is just*
Il est temps	*It is time*

Sometimes the equivalent construction in English also requires the subjunctive:

Il est important que vous **soyez** là.   *It is important that you **be** there.*

In other similar constructions, English takes the indicative:

Il est possible que vous **soyez** sincère.   *It is possible that you **are** sincere.*

In sentences of this type the indicative is normally called for in French only when we are dealing with matters of certainty and probability:

$$\text{Il est} \begin{cases} \text{clair} \\ \text{évident} \\ \text{certain} \\ \text{incontestable} \\ \text{démontré} \\ \text{probable} \\ \text{vraisemblable} \end{cases} \begin{matrix} \text{que vous} \\ \text{êtes} \\ \text{méchant.} \end{matrix} \qquad \textit{It is} \begin{cases} \textit{clear} \\ \textit{evident} \\ \textit{certain} \\ \textit{incontestable} \\ \textit{proved} \\ \textit{probable} \\ \textit{likely} \end{cases} \begin{matrix} \textit{that you are} \\ \textit{evil.} \end{matrix}$$

But of course:

Il **n'est pas certain que** vous **soyez**   *It is **not certain that** you are evil.*[2]
méchant.

EXERCICES

I. Mettez la phrase suivante à l'indicatif ou au subjonctif selon l'expression utilisée:

Il est clair que vous avez tort.

---

[2] The converse, however, is not true. Even when the negative erases the doubt, the verb remains in the subjunctive: *Il n'est pas possible que vous veniez* (It's not possible that you are coming).

Substituez: il est douteux / il est possible / il n'est pas sûr / il est évident / il est vrai / il est bon / il n'est pas possible

II. *Procédez comme dans l'exercice précédent.*

Il est évident que nous sommes coupables.

Substituez: il est possible / il est curieux / il n'est pas évident / il se peut / il est probable / il n'est pas sûr / il est incontestable / il faut

§78. There are certain verbs that require the subjunctive when they appear in the main clause. They usually have to do with *permission, wishes, commands,* and the like:

Je **permets** que vous **lisiez.**	*I **permit** you **to read.***
Tu **veux** que je **sorte?**	*You **want** me **to go out?***
Il **exige** que nous **partions.**	*He **requires** us **to leave.***
Vous **demandez** qu'il le **fasse.**	*You **request** that he **do** it.*
Il **suggère** que je **sois** prêt.	*He **suggests** that I **be** ready.*
Nous **insistons pour qu'il y soit.**	*We **insist** that he **be** there.*

Note that while the last three sentences are quite parallel in French and English construction,[3] even to the use of the subjunctive, the first three are quite out of parallel. The most common of these sentence patterns, that with **vouloir que,** requires special attention. The English pattern can *never* be substituted for the French pattern.

> *I want you **to do this.***
> Je veux **que vous fassiez** ceci.
> *He wanted me **to leave.***
> Il voulait **que je m'en aille.**

The English sentence always has an infinitive complement; the French always has a subordinate clause. Furthermore, when there is a pronoun in the second noun slot, it is an object pronoun in English (I want *him* to come), but a subject pronoun in French (Je veux qu'*il* vienne).

EXERCICES

I. *Répondez affirmativement aux questions suivantes.*

MODÈLE: Voulez-vous que je m'en aille?
     Oui, je veux que vous vous en alliez.

---

[3] Note, however, **pour que** with **insister.**

1. Voulez-vous que je sois de bonne humeur?
2. Voulez-vous que je sache cela?
3. Veut-il que nous soyons mis en prison?
4. Veut-elle que vous fouettiez son chien?
5. Veut-on que je le fasse arrêter comme faux-monnayeur?
6. Veut-il que vous lui donniez la pièce fausse?
7. Voulez-vous que j'excuse une pareille conduite?
8. Veut-on que je lui pardonne cette ineptie?

II. *Traduisez en français.*

1. Do you want me to do that?
2. He wants me to understand the problem.
3. We want them to finish the work.
4. I want you to know everything.
5. Don't you want me to be happy?
6. I want you to wait here.
7. Do you want me to leave?
8. Does he want her to drink that?

§79. In the sentences we have looked at so far, we have been concerned less with things that are happening or that have happened than with the desirability or undesirability of things that *might* happen. The subjunctive is also used, however, in sentences describing a *subjective* reaction to something that *is happening*:

Je suis **content que** vous **compre-**   *I'm **glad** you **understand**.*
   niez.

or a reaction to something that *has already happened*. In this case we use the past subjunctive:

Elle est **contente que** vous **ayez**   *She is **glad** you **understood**.*
   compris.
Nous sommes **ravis que** vous **soyez**   *We're **delighted** you **came**.*
   venu.

The past subjunctive is no more than the subjunctive of **être** or **avoir** plus the past participle.

There are many adjectives to describe subjective reactions, and the following list is only suggestive of the most common ones:

$$Je\ suis \begin{cases} content \\ heureux \\ charmé \\ ravi \\ fâché \\ furieux \\ désolé \\ dégoûté \\ étonné \end{cases} que + \text{Subject} + \text{Verb (subjunctive)}$$

EXERCICES

I. Transformez les phrases suivantes selon les modèles.

MODÈLES: Vous pouvez venir.
    Je suis content que vous puissiez venir.
    Vous avez pu venir.
    Je suis content que vous ayez pu venir.

1. Nous sortons du bureau de tabac.
2. Vous me pardonnez mon ineptie.
3. Il a causé une surprise.
4. Cette idée est entrée dans le public.
5. Nous avons pu empêcher l'accident.
6. Il s'est arrêté devant elle.
7. Tu en connais les conséquences funestes.
8. Vous faites une bonne affaire.
9. Tu t'es amusé à compromettre les pauvres.
10. Nous le faisons arrêter.

II. Transformez les phrases suivantes selon le modèle.

MODÈLE: On l'a arrêté. Je suis désolé.
    Je suis désolé qu'on l'ait arrêté.

1. Nous avons fait la rencontre d'un pauvre. Je suis fâché.
2. Il lui a donné deux francs. Je suis étonné.
3. Il veut gagner le cœur de Dieu. Je suis dégoûté.
4. Vous prêtez des ailes à mon esprit. Je suis ravi.
5. Nous sommes arrivés à temps. Il est ravi.
6. Je suis difficile. Elle est furieuse.
7. Je me suis moqué de vous. Vous êtes fâché.
8. Elle est morte à dix-huit ans. Nous sommes désolés.
9. Vous ne comprenez pas. Je regrette.
10. Tu viens demain soir. Je suis content.

§80. The verbs **craindre** and **avoir peur** require the subjunctive, and with them it is customary to use the so-called *pleonastic* **ne**:

> J'ai peur que ce **ne soit** inexcusable.   *I'm afraid it is inexcusable.*

This does not imply negation. Compare:

> Je **crains qu'il ne vienne.**   *I'm afraid he's coming.*
> Je **crains qu'il ne vienne pas.**   *I'm afraid he's not coming.*

EXERCICE

Transformez les phrases suivantes selon le modèle.

MODÈLE: Il est parti. J'en ai peur.
      J'ai peur qu'il ne soit parti.

  1. C'est le plus irréparable des vices. J'en ai peur.
  2. Vous êtes coupable. Je le crains.
  3. Elle viendra. Il en a peur.
  4. Nous nous sommes ennuyés. Vous en avez peur.
  5. Nous avons besoin d'elle. Je le crains.
  6. Je prends une mauvaise décision. Vous le craignez.
  7. Vous faites une bêtise. Nous en avons peur.
  8. Vous avez rompu ma rêverie. Je le crains.
  9. On le conduira en prison. J'en ai peur.
 10. Votre offrande est plus considérable que la mienne. Je le crains.

§81. The verbs **penser** and **croire** are usually construed with the indicative in a subordinate clause:

> Je {**crois**
>   {**pense que** vous **êtes** un homme   *I think you're a peaceful man.*
>   paisible.

But the subjunctive is to be preferred if the verb is in the negative or interrogative:

> **Pensez**-vous **que** je **sois** charmant?   *Do you **think** I'm charming?*
> Je **ne crois pas que ce soit** la peine   *I **don't think** it's worth the trouble to*
>   de continuer.   *go on.*

EXERCICES

I. Transformez les phrases suivantes selon le modèle.

MODÈLE: Je pense que vous êtes généreux.
    Je ne pense pas que vous soyez généreux.

1. Je crois que son regard contient des reproches.
2. Vous pensez que je sais tout.
3. Il croit que nous sommes heureux.
4. Elle pense qu'on s'est amusé.
5. Je crois que vous avez lu cela.
6. Nous pensons que tu as fini ton travail.
7. Ils croient que j'écris un roman.
8. Je pense qu'il finira aujourd'hui.
9. Il croit que je fais de mon mieux.
10. Je pense que vous avez voulu causer une surprise.

II. Transformez les phrases suivantes selon le modèle.

MODÈLE: Vous pensez que je suis méchant.
    Pensez-vous que je sois méchant?

1. Elle pense que nous sommes fâchés.
2. Tu penses que nous avons raison.
3. Il croit que je veux lui pardonner.
4. Vous pensez que je sais cela.
5. Vous croyez que nous finirons demain.
6. Elle pense que je m'y suis intéressé.
7. Tu penses qu'ils se sont dépêchés.
8. Vous croyez que nous lui avons fait plaisir.
9. Tu crois que je peux y aller.
10. Vous pensez que je vais chez mon marchand de tableaux.

§82. In spoken French there are only two subjunctive tenses: the present and the past. Since in the equivalent English sentence a full range of tenses can occur, this sometimes causes difficulty:

I'm **afraid** he **will see** me.	*J'ai peur qu'il ne me voie.*
I'm **afraid** he **sees** me.	*J'ai peur qu'il ne me voie.*
I **was afraid** he **would see** me.	*J'avais peur qu'il ne me voie.*
I'm **afraid** he **saw** me.	*J'ai peur qu'il ne m'ait vu.*
I **was afraid** he **had seen** me.	*J'avais peur qu'il ne m'ait vu.*

The present subjunctive is used when the action occurs at the same time as the main verb or is future to it. (There is no future or conditional in the subjunctive.) The past subjunctive is used when the action occurred before the action of the main verb.[4]

EXERCICE

Traduisez en français.

    1. We were glad that you had spoken to her.
    2. They regret that you will not be able to come.
    3. I don't think that he could understand.
    4. Were you afraid that I hadn't understood?
    5. She's afraid that I won't do it.
    6. I'm sorry that you didn't arrive in time.

PROBLÈMES PARTICULIERS

§83. With **personne, quelque chose, quelqu'un**, and **rien**, the preposition **de** must appear before the adjectives that modify them.

Je ne connais **rien de plus inquié- tant**.	*I know of **nothing more disturbing**.*
Voilà **quelque chose d'intéressant**.	*Here's **something interesting**.*
Je ne connais **personne de plus charmant**.	*I don't know **anyone more charming**.*
J'ai fait la connaissance de **quel- qu'un d'intéressant**.	*I met **someone interesting**.*

EXERCICE

Traduisez en français.

    1. Do you have anything interesting?
    2. Do you know anyone interesting?

---

[4] This applies only to spoken French. There are four written tenses in the subjunctive (see §90).

3. There is nothing more beautiful.
4. There is no one more intelligent than he.
5. I want you to do something wonderful.
6. I'm glad you bought something useful.
7. Here is someone serious.
8. Give me something easier.
9. Nothing interesting happened.

THÈME

I want you to listen to what happened to me yesterday. It's something extraordinary. I regret that you were not there because I'm afraid that you won't be able to believe me. As I was leaving the bank yesterday afternoon, I met an old bum who held out his cap to me and looked me right in the eyes. Then he smiled maliciously and I recognized him. It was Count Roland de Mourgues! After so many years! And we had attended his funeral!

VIII

Voltaire

Histoire
d'un bon bramin

Je rencontrai dans mes voyages un vieux bramin,[1] homme fort sage, plein d'esprit et très savant; de plus il était riche, et partant il en était plus sage encore: car, ne manquant de rien, il n'avait besoin de tromper personne. Sa famille était très bien gouvernée par trois belles femmes qui s'étudiaient à lui plaire; et, quand il ne s'amusait pas avec ses femmes, il s'occupait à philosopher. 5

Près de sa maison, qui était belle, ornée et accompagnée de jardins charmants, demeurait une vieille Indienne, bigote, imbécile et assez pauvre.

Le bramin me dit un jour: Je voudrais n'être jamais né. Je lui demandai pourquoi. Il me répondit: J'étudie depuis quarante ans, ce sont quarante années de perdues: j'enseigne les autres, et j'ignore tout; cet état porte dans mon âme 10 tant d'humiliation et de dégoût que la vie m'est insupportable. Je suis né, je vis dans le temps, et je ne sais pas ce que c'est que le temps; je me trouve dans un point entre deux éternités, comme disent nos sages, et je n'ai nulle idée de l'éternité; je suis composé de matière; je pense, je n'ai jamais pu m'instruire de ce qui produit la pensée; j'ignore si mon entendement est en moi une simple 15 faculté, comme celle de marcher, de digérer, et si je pense avec ma tête comme

---

François-Marie Arouet, dit Voltaire (1694-1778) est l'un des plus grands écrivains du xviiie siècle. Il a réussi dans tous les genres littéraires et a été considéré comme le plus grand poète et le meilleur auteur de tragédies de son temps. Aujourd'hui ce sont ses ouvrages en prose qui lui assurent sa réputation, notamment sa *Correspondance*, publiée en 107 volumes, et surtout ses *Contes philosophiques*, dont *Candide* est le plus célèbre.
1 **Bramin:** member of the Hindu priestly caste.

je prends avec mes mains. Non seulement le principe de ma pensée m'est inconnu, mais le principe de mes mouvements m'est également caché : je ne sais pourquoi j'existe ; cependant on me fait chaque jour des questions sur tous ces points ; il faut répondre ; je n'ai rien de bon à dire ; je parle beaucoup, et je
5 demeure confus et honteux de moi-même après avoir parlé.

C'est bien pis quand on me demande si Brama[2] a été produit par Vitsnou,[3] ou s'ils sont tous deux éternels. Dieu m'est témoin que je n'en sais pas un mot, et il y paraît bien à mes réponses. Ah ! mon révérend père, me dit-on, apprenez-nous comment le mal inonde toute la terre. Je suis aussi en peine que ceux qui
10 me font cette question : je leur dis quelquefois que tout est le mieux du monde ; mais ceux qui ont été ruinés et mutilés à la guerre n'en croient rien, ni moi non plus : je me retire chez moi accablé de ma curiosité et de mon ignorance. Je lis nos anciens livres, et ils redoublent mes ténèbres. Je parle à mes compagnons : les uns me répondent qu'il faut jouir de la vie et se moquer des hommes ; les
15 autres croient savoir quelque chose, et se perdent dans des idées extravagantes, tout augmente le sentiment douloureux que j'éprouve. Je suis près quelquefois de tomber dans le désespoir, quand je songe qu'après toutes mes recherches, je ne sais ni d'où je viens, ni ce que je suis, ni où j'irai, ni ce que je deviendrai.

L'état de ce bon homme me fit une vraie peine : personne n'était ni plus
20 raisonnable ni de meilleure foi que lui. Je conçus que plus il avait de lumières dans son entendement[4] et de sensibilité dans son cœur, plus il était malheureux.

Je vis le même jour la vieille femme qui demeurait dans son voisinage : je lui demandai si elle avait jamais été affligée de ne savoir pas comment son âme était faite. Elle ne comprit seulement pas ma question : elle n'avait jamais
25 réfléchi un seul moment de sa vie sur un seul des points qui tourmentaient le bramin ; elle croyait aux métamorphoses de Vitsnou de tout son cœur, et, pourvu qu'elle pût avoir quelquefois de l'eau du Gange[5] pour se laver, elle se croyait la plus heureuse des femmes.

Frappé du bonheur de cette pauvre créature, je revins à mon philosophe, et
30 je lui dis : N'êtes-vous pas honteux d'être malheureux dans le temps qu'à votre porte il y a un vieil automate qui ne pense à rien, et qui vit content ? —Vous avez raison, me répondit-il ; je me suis dit cent fois que je serais heureux si j'étais aussi sot que ma voisine, et cependant je ne voudrais pas d'un tel bonheur.

Cette réponse de mon bramin me fit une plus grande impression que tout le
35 reste : je m'examinai moi-même, et je vis qu'en effet je n'aurais pas voulu être heureux à condition d'être imbécile.

---

[2] **Brama:** creator of the universe, chief member of the Hindu trinity.

[3] **Vitsnou:** Vishnu, second member of the Hindu trinity.

[4] **Je conçus . . . son entendement:** I realized that the more enlightened he was.

[5] **l'eau du Gange:** holy water from the Ganges River.

Je proposai la chose à des philosophes, et ils furent de mon avis. Il y a pourtant, disais-je, une furieuse contradiction dans cette façon de penser: car enfin de quoi s'agit-il? d'être heureux. Qu'importe d'avoir de l'esprit, ou d'être sot? Il y a bien plus:[6] ceux qui sont contents de leur être sont bien sûrs d'être contents; ceux qui raisonnent ne sont pas si sûrs de bien raisonner. Il est donc clair, 5 disais-je, qu'il faudrait choisir de n'avoir pas le sens commun, pour peu que ce sens commun contribue à notre mal être.[7] Tout le monde fut de mon avis, et cependant je ne trouvai personne qui voulût accepter le marché de devenir imbécile pour devenir content. De là je conclus que, si nous faisons cas du bonheur, nous faisons encore plus de cas de la raison. 10

Mais, après y avoir réfléchi, il paraît que de préférer la raison à la félicité, c'est être très insensé. Comment donc cette contradiction peut-elle s'expliquer? Comme toutes les autres. Il y a là de quoi parler beaucoup.

QUESTIONS

1. Pour quelles raisons le bramin devrait-il être heureux?
2. Pour quelles raisons opposées la vieille Indienne devrait-elle être malheureuse?
3. Qu'est-ce qui fait que le bramin trouve la vie insupportable?
4. Pourquoi ces années d'étude sont-elles des années perdues?
5. Que répond-il aux questions qu'on lui pose?
6. En somme qu'est-ce que Voltaire, par l'intermédiaire du bramin, reproche à la philosophie?
7. Quelle est l'unique ambition de la vieille Indienne?
8. A quel prix le bramin pourrait-il connaître le bonheur?
9. Accepteriez-vous d'être heureux à condition de devenir stupide? Ou bien estimez-vous le problème mal posé?
10. A votre avis, à qui vont les sympathies de Voltaire: au bramin ou à l'Indienne?

QUESTIONS FACULTATIVES

1. Pourquoi l'auteur insiste-t-il au début sur toutes les qualités du bramin?
2. Pour quelle raison Voltaire oppose-t-il de façon si évidente la situation du bramin aux discours qu'il tient?
3. Pourquoi l'auteur va-t-il si vite pour décrire la vieille femme? S'il ne s'intéresse pas à elle, quelle est son utilité dans l'histoire?

---

[6] **Il y a bien plus:** There is much more.

[7] **pour peu ... mal être:** insofar as this common sense adds to our misery.

4. Pourquoi l'auteur, après être entré dans le détail de chaque opinion, refuse-t-il de conclure?

5. Qu'est-ce qui vous permet de dire que ce conte philosophique est un conte anti-philosophique?

6. Pourquoi l'auteur a-t-il placé cette histoire aux Indes?

THE SUBJUNCTIVE (cont'd.)

§84. The subjunctive is also used after certain conjunctions:

Il est malheureux **bien qu'**il **soit** intelligent.

*He is unhappy **although** he **is** intelligent.*

Elle est heureuse **pourvu qu'**elle
puisse avoir de l'eau du Gange.

*She is happy **provided that** she **can**
have some Ganges water.*

The most important of these conjunctions are:

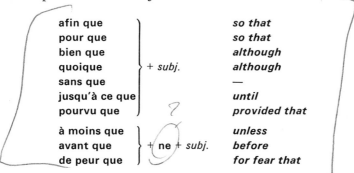

afin que		*so that*
pour que		*so that*
bien que		*although*
quoique	+ *subj.*	*although*
sans que		—
jusqu'à ce que		*until*
pourvu que		*provided that*
à moins que		*unless*
avant que	+ ne + *subj.*	*before*
de peur que		*for fear that*

In English the subjunctive rarely occurs after these conjunctions, although in
earlier times it was fairly common.[1]

Note that **sans que** has no structurally parallel English equivalent. *Without*
cannot be used as a conjunction in English. It is followed by the gerund with the
noun or pronoun subject in the possessive:

Je le ferai **sans qu'**il le **sache**.

*I'll do it **without his knowing** it.*

EXERCICE

Transformez les phrases suivantes selon le modèle.

MODÈLE: Il s'ennuie. Il est riche et intelligent.
   Il s'ennuie qu'il soit riche et intelligent.

1. Sa voisine est heureuse. Elle est pauvre et bigote.

---

[1] For example, Shakespeare: "And my ending is despair,/Unless I be relieved by prayer . . ."
(*The Tempest*, Epilogue, lines 15–16).

to teach

2. Il enseigne. Il ne sait rien.
3. Il ignore tout. Il lit les anciens livres.
4. Il tombe dans le désespoir. Il a trois belles·femmes.
5. Sa voisine est intelligente. Elle ne comprend pas ma question.

§85. There are of course many conjunctions that take the indicative:

**parce que
lorsque
depuis que
après que
pendant que
tandis que**

EXERCICES

I. *Employez le subjonctif ou l'indicatif dans la phrase suivante selon la conjonction utilisée:*

Je le fais *parce que* vous êtes là.

Substituez: pourvu que / quoique / pendant que / bien que / jusqu'à ce que / lorsque / à moins que / sans que / de peur que

II. *Traduisez en français.*

1. I'm going to work until you come.
2. He left before you got here.
3. He left after you got here.
4. She won't eat unless I go out.
5. I can't do anything without her knowing it.
6. I'll explain the problem although I don't understand it.
7. Were you able to talk without his hearing you?
8. I'll be happy provided that you can explain why I exist.
9. Although I don't know her, I love her.
10. Unless you have the money, you can't come with us.

§86. It is considered rather clumsy to use the subjunctive when the subject of the main clause is the same as that of the subordinate clause. This sounds all right in English, but the French prefer the infinitive.

Je la verrai **avant de partir**.   *I'll see her **before I leave**.*

We may say that, as a general rule, when it is possible to replace the subjunctive with an infinitive construction, it is preferable to do so. The infinitive is swift and graceful, the subjunctive often labored and clumsy.

Compare the following sentences. In the first of each pair the infinitive construction is used because the subject of both clauses is the same, while in the second the subject changes and the subjunctive cannot be avoided:

Il travaille **afin de réussir**.   *He works **in order to succeed**.*
Il travaille **afin que vous soyez** fier   *He works **so that you will be** proud
de lui.   of him.*

Nous avons fait cela **sans le savoir**.   *We did that **without knowing it**.*
Nous avons fait cela **sans qu'il le   *We did that **without his knowing it**.*
sache**.

Il mourra **à moins de trouver** un   *He'll die **unless he finds** a doctor.*
médecin.
Il mourra **à moins que vous ne** lui   *He'll die **unless you find** him a doctor.*
trouviez un médecin.

Je pars **avant de le voir**.   *I leave **before seeing** him.*
Je pars **avant qu'il ne** me **voie**.   *I leave **before he sees** me.*

The same principle applies in the following sentences:

Je **voudrais partir**.   *I'd **like to leave**.*
Je **voudrais qu'il parte**.   *I'd **like him to leave**.*

Il **regrette de** ne pas la **connaître**. *He's **sorry he** doesn't **know** her.*
Il **regrette que vous** ne la **connais-   *He's **sorry you** don't **know** her.*
siez** pas.

Je ne **crois** pas les **avoir**.   *I don't **think I have** them.*
Je ne **crois** pas **que vous** les **ayez**. *I don't **think you have** them.*

There are special ways of avoiding the subjunctive after **bien que, quoique**, or **jusqu'à ce que**, without using the infinitive. Compare:

Nous resterons ici **jusqu'à ce que la   *We'll stay here **until night comes**.*
nuit vienne**.
Nous resterons ici **jusqu'à la nuit**.   *We'll stay here **until night**.*

Il continue à créer, **quoiqu'il soit   *He continues to create, **although he
fatigué**.   is tired**.*
Il continue à créer, **quoique fatigué**.   *He continues to create, **although
tired**.*

EXERCICE

Traduisez en français.

1. I don't think I know you.
2. I don't think he knows you.
3. I'll eat before I leave.
4. I'll eat before he comes.
5. I regret that I don't understand.
6. I regret that you don't understand.
7. You'll fall unless you're careful.
8. You'll fall unless I'm careful.
9. I can do it without looking.
10. I can do it without his seeing me.
11. He does not learn, although he is intelligent.
12. Although intelligent, he does not learn.
13. I'm afraid I'll be disappointed.
14. I'm afraid you'll be disappinted.

§87. The subjunctive is used in clauses introduced by nouns modified by a superlative, or by **le dernier**, **le seul** or **le premier**:[2]

C'est la femme **la plus bigote que je connaisse.**	*She's **the most bigoted** woman **I know**.*
C'est **la dernière** question **que nous ayons posée.**	*That's **the last** question **we asked**.*

It is also used in clauses introduced by **personne**[3] and **rien**:

Je **ne** trouve **personne qui veuille** accepter ce marché.	*I **don't find anyone who is willing** to accept this contract.*
Il n'y a **rien qu'on puisse** faire.	*There is **nothing one can** do.*

EXERCICE

Traduisez en français.

1. There's nothing I can do.

---

[2] These are sometimes construed with the indicative when the matter is clearly factual and there is no negation implied: *La dernière fois que j'y suis allé je l'ai vu* (The last time I went there I saw him).

[3] That is, **personne** in the negative sense (*ne . . . personne*), not in the sense of *person*: *C'est une personne que je connais* (It's a person I know).

2. He's the first man we saw.
3. This is the most difficult problem we've studied.
4. This is the only house that is for sale.
5. There is no one who understands this principle.
6. I'm the last man he saw.

§88. The subjunctive is also used as a third person imperative:

Que personne ne **bouge** !	*Nobody move!*
Qu'il entre.	*Have him come in.*
Qu'il crève !	*May he drop dead!*
Vive la France !	*Long live France!*
Soit !	*All right then (So be it)!*

EXERCICE

Traduisez en français.

1. Long live the king!
2. You want to go? All right, but you'll be sorry.
3. Let him know the truth.
4. Nobody leave this room.
5. Have him come up.

§89. Use the subjunctive after the generalizing **que**:

Qui que vous **soyez** . . .	*Whoever you are* . . .
Où que vous **alliez** . . .	*Wherever you go* . . .
Quoi que vous **fassiez** . . .	*Whatever you do* . . .

EXERCICE

Traduisez en français.

1. Wherever I go I see him.
2. Whatever he writes I refuse to read it.
3. Whoever you are you can't stay here.
4. Whatever he says it's a lie.
5. Wherever he is he'll know it.

EXERCICE DE SYNTHÈSE

Répondez affirmativement aux questions suivantes.

MODÈLE: Faut-il que je fasse ce travail?
        Oui, il faut que vous fassiez ce travail.

1. Faut-il que je réponde à cette question?
2. Voulez-vous que je sois confus et honteux?
3. Croyez-vous que ce principe me soit inconnu?
4. Faites-vous cela pour que je tombe dans le désespoir?
5. Est-il possible que tout soit pour le mieux?
6. Est-il possible que vous ne sachiez pas où vous allez?
7. Partirez-vous avant qu'il ne vous ait parlé?
8. Est-ce que c'est la femme la plus bête que vous connaissiez?
9. Regrettez-vous que je sois né?
10. Regrettez-vous d'être né?
11. Etes-vous sûr que nous posions la bonne question?
12. Vaut-il mieux que je choisisse la raison au lieu de la félicité?
13. Est-ce qu'on attendra que nous prenions la décision?
14. Viendra-t-elle avant que tu ne sois là?
15. Faut-il agir bien qu'on ne sache rien avec certitude?

LITERARY TENSES IN THE SUBJUNCTIVE

§90. Two tenses of the subjunctive that are almost exclusively literary are the *imperfect subjunctive* (a simple tense) and the *pluperfect subjunctive* (a compound tense). The imperfect is formed as follows:

parl/er	que je parl**asse**	**fin/ir**	que je fin**isse**
	que tu parl**asses**		que tu fin**isses**
	qu'il parl**ât**		qu'il fin**ît**
	que nous parl**assions**		que nous fin**issions**
	que vous parl**assiez**		que vous fin**issiez**
	qu'ils parl**assent**		qu'ils fin**issent**
vend/re	que je vend**isse**	**pouvoir**	que je **pusse**
	que tu vend**isses**	**(j'ai pu)**	que tu **pusses**
	qu'il vend**ît**		qu'il **pût**
	que nous vend**issions**		que nous **pussions**
	que vous vend**issiez**		que vous **pussiez**
	qu'ils vend**issent**		qu'ils **pussent**

Note that for most irregular verbs the stem of the imperfect subjunctive can be derived from the past participle: **j'ai reçu, que je reçusse; il a couru, qu'il courût; tu as pris, que tu prisses;** etc. There are, however, some important exceptions: **être, que je fusse; faire, que je fisse; venir/tenir, que je vinsse/tinsse, qu'il vînt/tînt.**

The pluperfect subjunctive consists of the imperfect subjunctive of the auxiliary verb—**être** or **avoir**—plus the past participle:

Il regrettait **que vous eussiez fait** cela.   *He regretted **that you had done** that.*

Il regrettait **que vous fussiez arrivé.**   *He regretted **that you had arrived**.*

The imperfect and pluperfect subjunctive are used in written French when the verb of the main clause is in a past indicative or conditional tense: imperfect subjunctive if the action of the dependent clause is simultaneous or future to the main action, pluperfect if the action of the dependent clause occurred before the action of the main verb:

Je regrettais **qu'il fût** là.   *I was sorry **he was** there.*

Je regrettais **qu'il eût été** là.   *I was sorry **he had been** there.*

Since these tenses are not used in conversation, there naturally arises a problem as to what tense is "correct" for use when the verb of the main clause is past or conditional. As it happens, in the third person singular, and with certain verbs, the literary tenses may be used in conversation (*Je voulais qu'elle fût là,* I wanted her to be there; *Je regrettais qu'il eût dit cela,* I was sorry he had said that; *Nous étions contents qu'il s'en allât,* We were glad he went away), but in any other person the literary forms would make the speaker look ridiculous. One is often advised merely to substitute the present and past subjunctive for the imperfect and pluperfect respectively (*Il voulait que je vienne* for *Il voulait que je vinsse, Il regrettait que je sois arrivé* for *Il regrettait que je fusse arrivé*), but while this is a generally satisfactory procedure, it occasionally leads to "incorrectness"— particularly when the verb is third person singular. Correctness here cannot be entirely reduced to a rule, but depends on usage and taste. When it is possible, it is preferable to avoid these subjunctives altogether. Study the following examples:

Il **fallait qu'**elles **vinssent.** }
Elles **devaient venir.** }   *They **had to come**.*

Il **voulait que je fisse** mon travail.   *He **wanted me to do** my work.*

Il **voulait me voir faire** mon travail.   *He **wanted to see me do** my work.*

Nous étions **fâchés que vous re-çussiez** cette femme.	We were **upset that you received** that woman.
Nous étions **fâchés de savoir que vous receviez** cette femme.	We were **upset to know that you received** that woman.

EXERCICE

Eliminez le subjonctif des phrases suivantes en vous servant des procédés ci-dessus indiqués.

1. Il fallait que vous posassiez cette question.
2. Il fallait que mes parents vendissent la maison.
3. Faudrait-il que nous nous en allassions?
4. Il a fallu que je partisse.
5. Nous étions contents que vous fussiez venu.
6. J'étais content que nous eussions étudié ce problème.
7. Il regrettait que vous n'eussiez pas fait d'efforts.
8. Elle était fâchée que je racontasse cette histoire.
9. Vouliez-vous que je vinsse?
10. Elle aurait voulu que je répondisse.
11. Nous voulions que vous prissiez l'initiative.
12. Je voudrais que vous vendissiez tous vos livres.

PROBLÈMES PARTICULIERS

§91. *The verb* **manquer**.

Ne **manquant de** rien, il n'avait besoin de tromper personne.	*Lacking* nothing, he didn't need to cheat anyone.

The verb **manquer** exhibits some particularly interesting behavior. It is very useful, but at times difficult to deal with. The use illustrated above is easy enough:

Je **manque d'**argent.	*I'm short of* money.
Elle **manque de** sincérité.	She *lacks* sincerity.

With noun objects and the preposition **de** it is roughly equivalent to the English verb *to be lacking*.

EXERCICE

Transformez les phrases suivantes selon le modèle.

Modèle: Je n'ai pas beaucoup d'argent.
　　　　Je manque d'argent.

　　1. Il n'a pas beaucoup de charme.
　　2. Nous n'avons pas beaucoup de courage.
　　3. Elle n'avait pas beaucoup de perspicacité.
　　4. Je n'ai pas une grande confiance en vous.
　　5. Vous n'avez pas beaucoup d'amis.

§92. **Ne pas manquer de** + *infinitive*. This is a frequently used expression, occurring most often either in the future or the imperative. It is an intensifier and generally indicates no more than firm intention on the part of the speaker:

Je **ne manquerai pas d'**y aller.	*I'll be sure to go there.*
Ne manquez pas de venir me voir.	*Be sure to come and see me. (Don't fail to come and see me.)*

EXERCICE

Transformez les phrases suivantes selon le modèle.

Modèle: J'ai l'intention d'aller à Paris.
　　　　Je ne manquerai pas d'aller à Paris.

　　1. Nous avons l'intention de visiter le musée.
　　2. Tu as l'intention de faire ton devoir.
　　3. Vous avez l'intention d'être à l'heure.
　　4. Tu as l'intention de te marier avec une femme riche.
　　5. J'ai l'intention d'en parler.

§93. **Manquer de** + *infinitive*. Usually occurring in the past tense, this expression means *almost to do* something:

J'ai **manqué de tomber**.	*I almost fell.*
Il a **manqué de se noyer**.	*He almost drowned.*

EXERCICE

Transformez les phrases suivantes selon le modèle.

MODÈLE: Il est presque tombé dans le désespoir.
   Il a manqué de tomber dans le désespoir.

   1. Il est presque mort hier soir.
   2. Il a presque échoué à l'examen.
   3. Vous avez presque été écrasés.
   4. Vous avez presque tué ce mendiant.
   5. J'ai presque insulté son père.

§94. *Manquer* and *manquer à* + *noun*. With a direct object, **manquer** means *to miss*, in the sense of missing, for example, a train, a concert, or an appointment.

Nous avons **manqué la correspon-** **dance.**	We *missed the* (*train, bus*) *connection.*
Il ne faut pas **manquer la conférence.**	You mustn't *miss the lecture.*

With an indirect object, **manquer à** means to *miss* in the sense in which we miss someone who is not with us.[4] But note that subject and object appear in French in reverse position. Compare the following sentences:

Elle me manque.	*I miss her* (*lit, she is lacking to me*).
Ses parents lui manquent.	*She misses her parents.*

Even if we think of **manquer à** in this construction as *to be lacking to someone*, it is nonetheless difficult to adjust to the reverse positioning. Compare:

George misses Alice.
Alice manque à Georges.

He misses her.
Elle lui manque.

EXERCICES

I. Transformez les phrases suivantes selon le modèle.

MODÈLE: Regrettez-vous votre mère?
   Oui, elle me manque.

---

[4] **Regretter** is also frequently used in this nostalgic sense of *to miss*: *Je regrette la France* or *La France me manque* (I miss France).

1. Regrettez-vous votre ami?
2. Votre ami vous regrette-t-il?
3. Regrettez-vous vos parents?
4. Vos parents vous regrettent-ils?
5. Votre sœur me regrette-t-elle?
6. Vos parents me regrettent-ils?
7. Nous regrettez-vous?
8. Regrettez-vous Marie?
9. Regrettez-vous Albert?
10. Allez-vous regretter cette personne?

II. Traduisez en français.

1. You're going to miss the train.
2. You're going to miss your mother.
3. We missed the chance to see him.
4. I was sorry to miss the concert.
5. I still miss my friends.
6. My sister missed the première.
7. Paul missed my sister very much.
8. We're not going to miss him.

THÈME

I know someone very strange. He is interested in theology. Although he is married to a very pretty woman and has a beautiful house in the suburbs, he thinks he is[5] the most miserable man who ever lived. Although he reads all the time, he has the impression that nobody really knows anything. "Unless I can pierce the veil of the unknown, says he, my life will have no meaning." It is possible that he is just plain sick. It would be better for him to cultivate his garden.

---

[5] **he thinks he is:** *il se croit.*

IX

Voltaire

Les Deux
Consolés

Le grand philosophe Citophile disait un jour à une femme désolée et qui avait juste sujet de l'être: «Madame, la reine d'Angleterre, fille du grand Henri IV,[1] a été aussi malheureuse que vous: on la chassa de ses royaumes; elle fut prête à périr sur l'Océan par les tempêtes; elle vit mourir son royal époux sur l'échafaud.»—«J'en suis fâchée pour elle», dit la dame; et elle se mit à pleurer de   5 ses propres infortunes.

«Mais», dit Citophile, «souvenez-vous de Marie Stuart:[2] elle aimait fort honnêtement un brave musicien qui avait une très belle basse-taille.[3] Son mari tua son musicien à ses yeux; et ensuite sa bonne amie et sa bonne parente, la reine Elisabeth, qui se disait pucelle,[4] lui fit couper le cou sur un échafaud tendu   10 de noir, après l'avoir tenue en prison dix-huit années.»

«Cela est fort cruel», répondit la dame; et elle se replongea dans sa mélancolie.

«Vous avez peut-être entendu parler», dit le consolateur, «de la belle Jeanne de Naples,[5] qui fut prise et étranglée?»—«Je m'en souviens confusément», dit l'affligée.   15

---

[1] **Henriette-Marie de France:** (1605–1669), married to Charles I of England, daughter of Henri IV and Marie de Medici.

[2] **Marie Stuart:** (1542–1587), queen of Scotland.

[3] **basse-taille:** bass-baritone voice.

[4] **Elisabeth . . . pucelle:** Queen Elizabeth I of England (1533–1603), often called the Virgin Queen.

[5] **Jeanne de Naples:** Joanna I (1342–1382), queen of Naples and Sicily, put to death by her successor, Charles of Anjou.

«Il faut que je vous conte», ajouta l'autre, «l'aventure d'une souveraine qui fut détrônée de mon temps après souper, et qui est morte dans une île déserte.»— «Je sais toute cette histoire», répondit la dame.

«Eh bien donc, je vais vous apprendre ce qui est arrivé à une autre grande
5   princesse à qui j'ai montré la philosophie. Elle avait un amant, comme en ont toutes les grandes et belles princesses. Son père entra dans sa chambre et surprit l'amant, qui avait le visage tout en feu et l'œil étincelant comme une escarboucle;[6] la dame aussi avait le teint fort animé. Le visage du jeune homme déplut tellement au père qu'il lui appliqua le plus énorme soufflet qu'on eût
10   jamais donné dans sa province. L'amant prit une paire de pincettes[7] et cassa la tête au beau-père, qui guérit à peine, et qui porte encore la cicatrice de cette blessure. L'amante, éperdue, sauta par la fenêtre et se démit le pied, de manière qu'aujourd'hui elle boite visiblement, quoique d'ailleurs elle ait la taille admirable. L'amant fut condamné à la mort pour avoir cassé la tête à un très grand
15   prince. Vous pouvez juger de l'état où était la princesse quand on menait pendre l'amant. Je l'ai vue longtemps lorsqu'elle était en prison; elle ne me parlait jamais que de ses malheurs.»

«Pourquoi ne voulez-vous donc pas que je songe aux miens?» lui dit la dame.
—«C'est», dit le philosophe, «parce qu'il n'y faut pas songer, et que, tant de
20   grandes dames ayant été si infortunées, il vous sied mal de vous désespérer. Songez à Hécube,[8] songez à Niobé.»[9]—«Ah», dit la dame, «si j'avais vécu de leur temps ou de celui de tant de belles princesses, et si pour les consoler vous leur aviez conté mes malheurs, pensez-vous qu'elles vous eussent écouté?»

Le lendemain le philosophe perdit son fils unique, et fut sur le point d'en
25   mourir de douleur. La dame fit dresser une liste de tous les rois qui avaient perdu leurs enfants, et la porta au philosophe; il la lut, la trouva fort exacte, et n'en pleura pas moins. Trois mois après, ils se revirent, et furent étonnés de se retrouver d'une humeur très gaie. Ils firent ériger une belle statue au Temps, avec cette inscription:

A CELUI QUI CONSOLE

---

[6] **escarboucle:** carbuncle, a deep-red garnet.
[7] **pincettes:** tongs.
[8] **Hécube:** during the Trojan War she lost her husband, Priam, and nineteen children.
[9] **Niobé:** her fourteen children were killed by Apollo and Artemis.

QUESTIONS

1. Quelle est la réaction de la dame en apprenant qu'une reine d'Angleterre a été aussi malheureuse qu'elle?
2. Combien de temps Marie Stuart est-elle restée en prison? Que lui est-il arrivé ensuite?
3. Qu'est-ce que le père a fait lorsqu'il est entré dans la chambre de sa fille?
4. Qu'est-ce qui est arrivé finalement à la belle princesse?
5. Pour quelle raison la dame ne devrait-elle pas songer à ses malheurs?
6. Pourquoi tous ces exemples historiques ne consolent-ils pas la dame?
7. Que fait-elle à son tour lorsque le philosophe perd son fils?
8. Qu'est-ce qui se passe après trois mois?
9. Pourquoi l'un et l'autre se sont-ils soudain consolés?
10. D'après Voltaire, est-ce une bonne chose d'oublier si vite ses douleurs?

QUESTIONS FACULTATIVES

1. Pourquoi Voltaire ne nous dit-il rien ni de la dame ni de son chagrin?
2. L'histoire de Marie Stuart est-elle racontée sur un ton qui correspond au tragique des événements? Dans la négative, pouvez-vous donner des exemples de cette apparente contradiction?
3. Parmi tous ces exemples historiques y en a-t-il un qui ne le soit pas? Lequel?
4. Pourquoi est-ce que Voltaire ne traite pas de la même façon la douleur du philosophe?
5. Quelle est en somme la conclusion de cette histoire?

THE REFLEXIVE CONSTRUCTION

§95. Reflexive constructions are much more common in French than in English. In either language almost any transitive verb can be used reflexively:

Il **a perdu** son fils unique.	*He **lost** his only son.*
Il **s'est perdu.**	*He **got lost** (**lost himself**).*

In French, however, a great many frequently used verbs occur in reflexive forms, while in English they are simply intransitive:

Elle **se dépêche.**	*She **hurries.***
Je **me couche.**	*I'm **going to bed.***
Vous **vous êtes arrêté.**	*You **stopped.***
Ils **se sont promenés.**	*They **went for a walk.***

The distinguishing feature of the reflexive is, of course, the presence of the reflexive pronoun through all the verb forms. This adds another element to the subject-verb pattern and is therefore a source of difficulty.

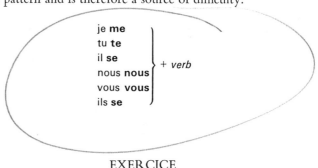

je **me**
tu **te**
il **se**
nous **nous** } + *verb*
vous **vous**
ils **se**

EXERCICE

Répondez affirmativement aux questions suivantes.

MODÈLE: Vous amusez-vous?
Oui, je m'amuse.

1. Nous arrêtons-nous devant la vitrine?
2. Vous souvenez-vous de Marie Stuart?
3. Vous intéressez-vous à la musique?
4. Est-ce que je me trompe trop souvent?
5. Nous éloignons-nous du bureau de tabac?
6. Vous moquez-vous de la souffrance?
7. Plume s'étonne-t-il de l'absence du mur?

8. Vous ennuyez-vous prodigieusement?
9. Est-ce que je me sens coupable?

§96. Note that when the reflexive pronoun occurs with an infinitive it must agree with the subject of the main verb:

Je vais **me** promener.	*I'm going to take a walk.*
Tu ne peux **t'**empêcher de faire cela?	*You can't help doing that?*
Elle veut **s'**asseoir.	*She wants to sit down.*
Nous allons **nous** marier.	*We're going to get married.*
Vous préférez **vous** en aller?	*You prefer to go away?*

EXERCICE

Transformez les phrases suivantes selon le modèle.

MODÈLE: Je me lèverai.
　　　　Je vais me lever.

1. Le passant s'arrêtera.
2. Je me débarrasserai de lui.
3. Vous vous éloignerez d'ici.
4. La reine se mettra à pleurer.
5. Je me plongerai dans la mélancolie.
6. Nous nous ennuyerons là-bas.
7. Vous vous arrêterez devant elle.
8. Ils se trouveront en prison.
9. Tu te coucheras à minuit.
10. Elles se moqueront de nous.

§97. In the compound tenses the reflexive verbs are always conjugated with **être**:

Je **me suis habitué au** bruit.	*I **got used to** the noise.*
Vous **vous êtes réveillé** trois fois.	*You **woke up** three times.*
Ils **se sont arrêtés** ici.	*They **stopped** here.*

EXERCICE

Mettez les phrases suivantes au passé composé.

MODÈLE: Les passants s'arrêtent.
　　　　Les passants se sont arrêtés.

1. Il s'amuse avec ses amis.
2. Je me justifie de ma prodigalité.
3. Le criminel se trouve devant le juge.
4. Vous vous trouvez dans le pays de vos rêves.
5. Tu t'ennuies prodigieusement.
6. La musique s'insinue dans mon cœur.
7. Les princesses se désespèrent.
8. Je me trompe de chemin.
9. La conversation s'engage.
10. Vous vous levez à six heures.

§98. However, since most of these verbs can also be used nonreflexively, we have to be careful to use **être** only with the reflexive construction:

Il **a trouvé** son ennemi.	*He **found** his enemy.*
Il **s'est trouvé** devant l'ennemi.	*He **found himself** before the enemy.*

EXERCICE

Mettez les phrases suivantes au passé composé en utilisant **être** *ou* **avoir** *selon le cas.*

MODÈLES: Il regarde la rue.
Il a regardé la rue.
Il se regarde dans la glace.
Il s'est regardé dans la glace.

1. Il ennuie tout le monde.
2. Il s'ennuie de tout.
3. Je m'étonne de vous voir ici.
4. J'étonne mes professeurs.
5. Vous perdez votre sang-froid.
6. Vous vous perdez dans vos pensées.
7. Nous promenons le chien.
8. Nous nous promenons chaque matin.
9. Les philosophes se lèvent.
10. Les philosophes lèvent la tête.
11. L'homme arrête un passant.
12. L'homme s'arrête.

§99. Note the position of the negative particles:

Je **ne me sens pas** bien.	*I **don't feel** well.*
Vous **ne vous êtes pas** rasé.	*You **didn't shave**.*

EXERCICE

Mettez les phrases suivantes à la forme négative.

MODÈLE: Je me souviens de Marie Stuart.
　　　　Je ne me souviens pas de Marie Stuart.

1. Il s'arrête devant elle.
2. Je m'intéresse à la musique.
3. Vous vous souviendrez de cette histoire.
4. Nous nous sommes levés à six heures.
5. Elle s'est moquée de moi.
6. Nous nous étions trompés de chemin.
7. Il se serait dépêché s'il avait su cela.
8. Je me promènerai dans la ville.
9. On s'ennuie ici.
10. Ils se sont bien amusés chez elles.

§100. The range of meanings of the reflexive is considerably more extensive in French than it is in English. There is, for example, the basic reflexive meaning of something one does to oneself:

Je **me lève**.	*I **get up** (**lift myself**).*
Il **se fait mal**.	*He **hurts himself**.*

There is also the reciprocal meaning, equivalent to the English constructions *each other* and *one another*:

Ils **se détestent**.	*They **hate each other**.*
Nous ne **nous aimons** plus.	*We **don't love one another** any more.*

Sometimes the meaning of a verb is changed considerably when it is used in the reflexive form. Compare:

Il en **doutait**.	*He **doubted** it.*
Il s'en **doutait**.	*He **suspected** it.*
Il **retourne** au lit.	*He's **going back** to bed.*
Il **se retourne**.	*He's **turning around**.*
Il **agit** contre nous.	*He's **acting** against us.*
Il s'**agit de** travailler.	*It's **a matter of** doing the work.*[1]

---

[1] Some other common examples: **passer**, to pass, spend; **se passer**, to happen; **mettre**, to put, place; **se mettre à**, to begin; **tromper**, to deceive; **se tromper**, to be mistaken. Note that **s'agir de** can only be used impersonally. The subject must *always* be **il**.

Still other verbs are merely reflexive *in form*, while carrying no sense of reflexive or reciprocal action. In such cases the verb cannot be used without the reflexive pronoun and is said to be *essentially* reflexive:

Je **me souviendrai de** vous.	*I'll remember you.*
Elle **s'est moquée de** moi.	*She made fun of me.*
Il **s'exclame** de joie.	*He cries out with joy.*[2]

EXERCICE

Traduisez en français.

1. We understand each other.
2. I remember that melody.
3. We'll talk to each other this afternoon.
4. You shouldn't make fun of me.
5. What did they say to each other?
6. When are they going to get married?
7. We don't know each other.
8. She began to sing.

§101. With reflexive verbs the past participle agrees with the preceding direct object, which in most cases is the reflexive pronoun and is thus identical with the subject:

Elle **s'**est réveillée.	*She woke up.*
Ils **se** sont amusés.	*They enjoyed themselves.*

It can happen that the reflexive pronoun is an indirect object, in which case there is no agreement:

Ils ne **se** sont pas parlé.	*They didn't talk to each other.*

although the past participle may still agree with another preceding direct object:

Voilà **les histoires** qu'ils **se** sont dites.	*These are the stories they told each other.*

---

[2] And also **s'écrier**, to cry out; **se marier (avec)**, to get married (to).

The reflexive pronoun is considered to be indirect when it is used with parts of the body:

Elle s'est lavée.	*She washed **herself**.*
Elle s'est lavé les mains.	*She washed **her hands**.*
Elle se les est lavées.	*She washed **them**.*

EXERCICE

Mettez les phrases suivantes au passé composé.

MODÈLE: Elles se voient à midi.
         Elles se sont vues à midi.

1. Elles se disent des bêtises.
2. Ma sœur se lave la figure.
3. Ma sœur ne se lave pas.
4. Elles se promettent une éternité de bonheur.
5. Elles se voient tous les jours.
6. Elle ne se moque de personne.
7. Elles se brossent les dents.
8. Elles se déchirent la figure.

§102. The interrogative pattern with the reflexive verbs is in theory no more complex than anywhere else. The subject pronoun is simply placed after the finite verb:

Elle se dépêche.	*She is hurrying.*
Se dépêche-t-elle?	*Is she hurrying?*
Ils ne se sont pas amusés.	*They didn't enjoy themselves.*
Ne se sont-ils pas amusés?	*Didn't they enjoy themselves?*

But if the subject is a noun, then the subject *pronoun* is added after the finite verb:

Les jeunes filles se promènent.	*The girls are walking.*
Les jeunes filles se promènent-elles?	*Are the girls walking?*
La princesse s'est mise à pleurer.	*The princess began to cry.*
La princesse s'est-elle mise à pleurer?	*Did the princess begin to cry?*

EXERCICE

Mettez les phrases suivantes à la forme interrogative.

MODÈLE: Vous vous moquez de moi.
    Vous moquez-vous de moi?

1. Vous vous souvenez de moi.
2. Il ne s'intéresse qu'au cœur humain.
3. Nous nous sommes ennuyés chez eux.
4. Vous ne vous êtes pas moqué de nous.
5. La musique s'est insinuée dans mon cœur.
6. Les voyageurs ne se souviennent pas du chemin.
7. Les femmes ne se sont pas parlé.
8. Tu te couches tard.
9. Nous ne nous comprenons pas.
10. Ils ne se sont jamais trompés.
11. Ces gens ne se sont jamais habitués au bruit.
12. Vous ne vous sentez pas coupable.

§103. In the imperative, the reflexive pronoun appears *after* the verb in the affirmative, *before* it in the negative:

Couchez-vous.   *Go to bed.*
Ne vous dépêchez pas.   *Don't hurry.*

EXERCICE

Transformez les phrases suivantes selon les modèles.

MODÈLES: Vous devez vous raser.
     Rasez-vous.
     Vous ne devez pas vous inquiéter.
     Ne vous inquiétez pas.

1. Vous ne devez pas vous désespérer.
2. Vous devez vous calmer.
3. Vous ne devez pas vous marier.
4. Tu ne dois pas te lever.
5. Tu dois te battre.
6. Vous devez vous adresser au commissaire.

7. Tu dois te méfier de lui.
8. Vous devez vous arrêter.
9. Vous ne devez pas vous croire généreux.

THE PASSIVE VOICE

§104. The passive voice in French has the same general structure that it has in English, the verb **être** followed by a past participle:

Je **suis invité** au concert.	*I **am invited** to the concert.*

Be careful, however, not to confuse the superficially similar structure of the past tense of intransitive verbs conjugated with **être**:

Paul **est invité** chez moi.	*Paul **is invited** to my house.*
Paul **est venu** chez moi.	*Paul **came** to my house.*

The first of these sentences is a true passive, since the verb is transitive and the sentence can be reworded so that Paul becomes the direct object:

J'**invite Paul** chez moi.	*I **am inviting Paul** to my house.*

while the second sentence does not permit this sort of rewording. True passive sentences can always be transformed into active sentences. If there is no agent noun, in French we may supply the pronoun **on**:

La maison **a été construite**.	*The house **was built**.*
On a construit la maison.	*(**Somebody**) **built** the house.*
Cette question **sera posée**.	*This question **will be asked**.*
On posera cette question.	*(**Somebody**) **will ask** this question.*

Since the passive voice can sound rather ponderous in French—often more so than in English—it is sometimes advisable to reword the sentence using **on** and an active construction.

It is also possible to avoid the passive voice in some instances by using a reflexive construction:

Ça se vend partout.	*That is sold everywhere.*
Ça ne se fait pas.	*That is not done.*

Such constructions ordinarily apply to general and habitual actions, not to specific events. Compare:

Cette lettre ne se prononce pas.	*That letter isn't pronounced.*
Son discours a été prononcé ce matin.	*His speech was delivered this morning.*

EXERCICES

I. Transformez les phrases suivantes selon le modèle.

MODÈLE: La maison a été construite.
        On a construit la maison.

1. La reine a été détrônée.
2. La lettre a été envoyée.
3. J'étais aimé.
4. Je ne suis pas aimé.
5. Cette question devrait être posée.
6. J'ai été poursuivi.
7. Nous serons condamnés à mort.
8. Le criminel a été arrêté.
9. La toile a été vendue.
10. Nous avons été chassés du royaume.

II. Transformez selon le modèle.

MODÈLE: On ne dit pas cela.
        Cela ne se dit pas.

1. On comprend cela.
2. On explique ce problème sans difficulté.
3. On n'applique pas cette règle ici.
4. On n'emploie plus ces expressions.
5. On voit ses intentions.

§105. Of course if the sentence contains an agent noun, it can simply become the subject of the transformed sentence:

Les maisons **étaient enveloppées par** la nuit.[3]	*The houses **were enveloped by** the night.*
La nuit **enveloppait** les maisons.	*Night **enveloped** the houses.*

[3] Certain verbs take **de** instead of **par** to introduce agent nouns, particularly when a habitual action, a condition, or an emotion is being expressed: *Il est respecté de tous* (He is respected by all); *Il est toujours suivi de son chien* (He is always followed by his dog); *La terre est couverte de neige* (The earth is covered by snow).

EXERCICE

Transformez les phrases suivantes selon le modèle.

MODÈLE: J'ai été battu par mon père.
     Mon père m'a battu.

1. Le musicien était aimé par la princesse.
2. La tête du roi a été cassée par l'amant.
3. La reine était tenue en prison par sa sœur.
4. L'aventure a été contée par le philosophe.
5. La reine Jeanne a été prise et étranglée par son héritier.
6. Vous serez observé par la police.

§106. Remember that only the noun that can be the *direct* object of the verb can serve as the subject noun of a passive verb. For example, while in English we can say "The questions have been answered," which is a perfectly legitimate passive voice, we cannot follow the same structure in French because the verb *répondre* takes an indirect object. Therefore we must say: *On a répondu aux questions.* In the same way, "The rules must be obeyed" can be translated only as *On doit obéir aux règles.*

    Curiously, it sometimes happens that in English the indirect object becomes the subject of a sentence in the passive voice: "Someone told the story to me" or "I was told the story." Such constructions occur often enough in English for you to be on your guard. The proper French equivalent for "I was told the story" would be *On m'a raconté cette histoire.*

EXERCICE

Traduisez en français.

1. He was told it was not true.
2. I will be told what happens.
3. We were promised a reward.
4. You were told to come here.
5. I was given a choice.
6. She had often been told that.
7. He was asked to come.
8. I was advised to leave.

THÈME

They tell me that you remember Mr. Tissot. Unless I am mistaken, he married Henriette Bontemps, after losing[4] his first wife in an auto accident. People wondered at the time if Mr. Tissot would be accused of criminal negligence, for he had done nothing to prevent the accident. But things are quickly forgotten. Imagine: his second wife had a lover. Tissot surprised them together the other day. The two men fought until the lover jumped out the window and broke his leg. It was the most scandalous event that ever happened in the province.

---

[4] after losing: **après avoir perdu.**

X

Paul-Louis Courier

Incident

en Calabre

Un jour je voyageais en Calabre. C'est un pays de méchantes gens, qui, je crois, n'aiment personne, et en veulent surtout aux Français. De vous dire pourquoi, cela serait long; suffit qu'ils nous haïssent à mort, et qu'on passe fort mal son temps lorsqu'on tombe entre leurs mains. J'avais pour compagnon un jeune homme d'une figure . . . ma foi, comme ce monsieur que nous vîmes au 5 Raincy;[1] vous en souvenez-vous? et mieux encore peut-être. Je ne dis pas cela pour vous intéresser, mais parce que c'est la vérité. Dans ces montagnes les chemins sont des précipices, nos chevaux marchaient avec beaucoup de peine; mon camarade allant devant, un sentier qui lui parut plus praticable et plus court nous égara. Ce fut ma faute; devais-je me fier à une tête de vingt ans?[2] 10 Nous cherchâmes, tant qu'il fit jour,[3] notre chemin à travers ces bois; mais plus nous cherchions, plus nous nous perdions, et il était nuit noire quand nous arrivâmes près d'une maison fort noire. Nous y entrâmes, non sans soupçon, mais comment faire? Là nous trouvons toute une famille de charbonniers à

PAUL-LOUIS COURIER (1772-1825), érudit et polémiste du XIXe siècle, après avoir servi dans les armées de Napoléon, se rallie à la république sous la Restauration, qu'il attaque avec vigueur dans ses pamphlets. Ses lettres d'Italie, ses travaux d'helléniste et ses pamphlets politiques lui ont assuré une place honorable dans la littérature française.

[1] **Le Raincy:** small city just north of Paris.

[2] **devais-je . . . vingt ans?:** did I have any business trusting in the judgment of a twenty-year-old?

[3] **tant qu'il fit jour:** as long as there was daylight.

137

table, où du premier mot on nous invita. Mon jeune homme ne se fit pas prier:[4]
nous voilà mangeant et buvant, lui du moins, car pour moi j'examinais le lieu et
la mine de nos hôtes. Nos hôtes avaient bien mines de charbonniers; mais la
maison, vous l'eussiez prise pour un arsenal. Ce n'étaient que fusils, pistolets,
5 sabres, couteaux, coutelas. Tout me déplut, et je vis bien que je déplaisais aussi.
Mon camarade, au contraire: il était de la famille,[5] il riait, il causait avec eux; et
par une imprudence que j'aurais dû prévoir (mais quoi! s'il était écrit . . .)[6] il dit
d'abord d'où nous venions, où nous allions, qui nous étions; Français, imaginez
un peu![7] chez nos plus mortels ennemis, seuls, égarés, si loin de tout secours
10 humain! et puis, pour ne rien omettre de ce qui pouvait nous perdre, il fit le
riche,[8] promit à ces gens pour la dépense, et pour nos guides le lendemain, ce
qu'ils voulurent. Enfin, il parla de sa valise, priant fort qu'on en eût grand soin,
qu'on la mît au chevet[9] de son lit; il ne voulait point, disait-il, d'autre traversin.
Ah! jeunesse! jeunesse! que votre âge est à plaindre! Cousine, on crut que nous
15 portions les diamants de la couronne: ce qu'il y avait qui lui causait tant de souci
dans cette valise, c'étaient les lettres de sa maîtresse.

Le souper fini on nous laisse; nos hôtes couchaient en bas, nous dans la
chambre haute où nous avions mangé; une soupente élevée de sept à huit pieds,
où l'on montait par une échelle, c'était là le coucher qui nous attendait, espèce
20 de nid, dans lequel on s'introduisait en rampant sous des solives chargées de
provisions pour toute l'année. Mon camarade y grimpa seul, et se coucha tout
endormi,[10] la tête sur la précieuse valise. Moi déterminé à veiller, je fis bon feu,
et m'assis auprès. La nuit s'était déjà passée presque entière assez tranquillement,
et je commençais à me rassurer, quand sur l'heure où il me semblait que le jour
25 ne pouvait être loin, j'entendis au-dessous de moi notre hôte et sa femme parler
et se disputer; et prêtant l'oreille par la cheminée qui communiquait avec celle
d'en bas, je distinguai parfaitement ces propres mots du mari: *Eh bien! enfin*
voyons,[11] *faut-il les tuer tous deux?* A quoi la femme répondit: *Oui.* Et je n'entendis
plus rien.

30   Que vous dirai-je? Je restai respirant à peine, tout mon corps froid comme un
marbre; à me voir, vous n'eussiez su si j'étais mort ou vivant. Dieu! quand j'y
pense encore! . . . Nous deux presque sans armes, contre eux douze ou quinze

---

[4] **ne se fit pas prier:** didn't require any coaxing.

[5] **de la famille:** like one of the family.

[6] **mais quoi! . . . écrit:** but after all, if it was fated to be!

[7] **Imaginez un peu!:** Just think!

[8] **il fit le riche:** he played the rich man.

[9] **chevet:** head (of a bed).

[10] **se coucha tout endormi:** went to bed and fell asleep immediately.

[11] **enfin voyons:** well now, let's see.

qui en avaient tant ! et mon camarade mort de sommeil et de fatigue ! L'appeler,
faire du bruit, je n'osais ; m'échapper tout seul, je ne pouvais ; la fenêtre n'était
guère haute, mais en bas deux gros dogues hurlant comme des loups. En quelle
peine je me trouvais, imaginez-le, si vous pouvez.

Au bout d'un quart d'heure qui fut long, j'entends sur l'escalier quelqu'un,   5
et par les fentes de la porte, je vis le père, sa lampe dans une main, dans l'autre un
de ses grands couteaux. Il montait, sa femme après lui ; moi derrière la porte : il
ouvrit ; mais avant d'entrer il posa la lampe que sa femme vint prendre ; puis il
entre pieds nus, et elle de dehors lui disait à voix basse, masquant avec ses doigts
le trop de lumière de la lampe : *Doucement, va doucement.* Quand il fut à l'échelle,   10
il monte, son couteau dans les dents, et venu à la hauteur du lit, ce pauvre jeune
homme étendu offrant sa gorge découverte, d'une main il prend son couteau, et
de l'autre . . . Ah ! cousine . . . Il saisit un jambon qui pendait au plancher,[12] en
coupe une tranche, et se retire comme il était venu. La porte se referme, la lampe
s'en va et je reste seul à mes réflexions.   15

Dès que le jour parut, toute la famille, à grand bruit, vint nous éveiller,
comme nous l'avions recommandé. On apporte à manger :[13] on sert un déjeuner
fort propre, fort bon, je vous assure. Deux chapons en faisaient partie, dont il
fallait, dit notre hôtesse, emporter l'un et manger l'autre. En les voyant, je compris enfin le sens de ces terribles mots : *faut-il les tuer tous deux ?* Et je vous crois,   20
cousine, assez de pénétration[14] pour deviner à présent ce que cela signifiait.

QUESTIONS

1. Comment l'auteur décrit-il les habitants de Calabre ?
2. Pourquoi est-ce la faute de Courier si lui et son compagnon se sont perdus ?
3. Quels soupçons ont-ils en entrant dans la maison des charbonniers ?
4. Que fait l'auteur pendant que son ami boit et mange ?
5. Enumérez toutes les imprudences que le camarade de l'auteur fait pendant le
   dîner.
6. Pourquoi le jeune homme s'inquiétait-il tellement de sa valise ?
7. Pourquoi l'auteur est-il déterminé à veiller auprès du feu ?
8. Qu'est-ce que Courier entend l'hôte et sa femme se dire ?
9. Quel est le sens de ce *faut-il les tuer tous deux ?*

---

[12] **un jambon . . . au plancher:** a ham that was hanging from the ceiling. (**Plancher**
usually means *floor.* It means literally *a set of planks.*)
[13] **On apporte à manger:** They brought us something to eat.
[14] **je vous crois . . . pénétration:** I think, cousin, that you are perceptive enough.

QUESTIONS FACULTATIVES

1. Les deux personnages principaux sont à peine décrits. Quelles sont les seules caractéristiques psychologiques que leur prête l'auteur?

2. Puisqu'il s'agit d'un *suspense*, par quels détails l'auteur va-t-il créer l'atmosphère?

3. Etant donné la fin comique de l'histoire, par quels détails l'auteur, tout en gardant une atmosphère de drame, prépare-t-il la chute finale?

4. Il s'agit d'une lettre. De quelle manière l'auteur associe-t-il le troisième personnage, son correspondant, à l'histoire qu'il raconte?

5. L'auteur raconte une histoire dans laquelle il joue un rôle ridicule. Comment réussit-il à ne pas se condamner tout en confessant son erreur?

RELATIVE PRONOUNS

§107. Relative pronouns connect two clauses. If the pronoun is the *subject* of the relative clause it is **qui:**

Ce sont de méchantes gens **qui** n'aiment personne.	*They are ill-natured people **who** don't like anybody.*
Il saisit un jambon **qui** pendait au plafond.	*He grabbed a ham **that** was hanging from the ceiling.*

Note that **qui** is used whether the antecedent is personal or impersonal.

EXERCICE

Transformez les phrases suivantes selon le modèle.

MODÈLE: Ce monsieur me hait à mort.
C'est un monsieur qui me hait à mort.

1. Cette lettre me cause des soucis.
2. La famille nous a invités.
3. Le chemin vous a égarés.
4. Ces gens en veulent aux Français.
5. Ce sentier lui a paru plus praticable.
6. Ce jeune homme parlait de sa valise.
7. Le charbonnier m'a déplu.
8. Cette femme nous a apporté à manger.
9. Le quart d'heure a semblé long.
10. La cheminée communiquait avec celle d'en bas.

§108. If the pronoun is the *direct object* of the verb in the relative clause it is **que:**

Le monsieur **que** nous avons vu au Raincy . . .	*The gentleman (**whom**) we saw at Le Raincy . . .*
La lampe **que** sa femme vint prendre . . .	*The lamp (**that**) his wife came and got . . .*

Here again the choice of the pronoun **que** does not, as in English, depend on whether the antecedent is personal or impersonal. Note also that while the relative pronoun can always be left out in such English sentences, it can never be left out in French:

C'est la maison **que** Jacques a bâtie.	*This is the house (**that**) Jack built.*
Ce sont des chansons **que** ma mère m'a apprises.	*These are songs (**that**) my mother taught me.*

EXERCICE

Transformez les phrases suivantes selon le modèle.

MODÈLE: Nous avons vu ce château.
      C'est un château que nous avons vu.

1. Nous aimons beaucoup cette famille.
2. Il cherchait ce chemin.
3. Nous portions ces diamants.
4. Il a mis ce livre à côté de lui.
5. Je n'avais pas prévu ce changement.
6. J'entends monter ce monsieur.
7. Vous emporterez ces poulets.
8. Il saisit ce jambon.
9. Nous avons égaré ce voyageur.

§109. Relative pronouns are normally directly <u>preceded by nouns that are called</u> *antecedents* (les **gens qui**, le **jambon que**). There are, however, sentences in which the neuter pronoun, **ce**, serves as a sort of indefinite antecedent. **Ce qui** is then the subject of the relative clause, **ce que** the direct object. Both are equivalent to English *what;*[1] their reference is always impersonal:

C'est **ce qui** se passe.	*That's **what** is happening.*
C'est **ce que** la famille voulait.	*That's **what** the family wanted.*

Both may also appear at the beginning of a sentence:

Ce que vous dites est absurde.	***What** you say is absurd.*
Ce qui se passe est absurde.	***What** is happening is absurd.*

---

[1] Except for **tout ce qui** and **tout ce que**, which mean *everything that.*

EXERCICES

I. Répondez négativement aux questions suivantes.

MODÈLE: Savez-vous ce que je veux?
        Non, je ne sais pas ce que vous voulez.

1. Savez-vous ce qui me plaît?
2. Savez-vous ce que je voulais?
3. Comprenez-vous ce que je dis?
4. Comprenez-vous ce qui se passe?
5. Lisez-vous ce qui vous amuse?
6. Faites-vous ce que vous voulez?
7. Lui direz-vous ce que vous avez vu?
8. Direz-vous à Paul ce qui vous ennuie?
9. Croyez-vous ce que vous voyez?
10. Savez-vous ce que je cherche?
11. Savez-vous ce qui me dérange?

II. Traduisez en français.

1. It's what I want.
2. He knows what is happening.
3. I'll tell you what I think.
4. We asked him what he was doing.
5. What you do is not important.
6. What is not clear is not French.
7. What you are doing is ridiculous.
8. You understand what she desires.

§110. If the verb of the relative clause takes a preposition, then **qui** is used for persons, and **lequel (laquelle**, etc.) for things:[2]

Je voyageais **avec ce jeune homme**.	*I traveled **with that young man***.
C'est le jeune homme **avec qui** je voyageais.	*He's the young man (**whom**) I traveled **with***.
Nous sommes entrés **dans la maison**.	*We entered **the house***.
Voilà la maison **dans laquelle** nous sommes entrés.	*There is the house (**that**) we entered*.

---

[2] There are three exceptions: the prepositions **de, parmi**, and **entre**. For **de** see §111. **Entre** and **parmi** are followed by **lesquels** or **lesquelles:** *Ce sont les gens* **parmi lesquels** *nous sommes tombés* (These are the people among whom we fell); *Ce sont les personnes* **entre lesquelles** *je me trouvais* (These are the people I was between).

Je pensais **à ma cousine**.	*I was thinking **about my cousin**.*
Voilà la cousine **à qui** je pensais.	*There is the cousin (**whom**) I was thinking **about**.*
Je pensais **aux fusils**.	*I was thinking **about the rifles**.*
Voilà les fusils **auxquels** je pensais.	*There are the rifles (**that**) I was thinking **about**.*

EXERCICES

I. Transformez les phrases suivantes selon le modèle.

MODÈLE: Je parlais au charbonnier.
   Voilà le charbonnier à qui je parlais.

 1. Je travaillais pour le charbonnier.
 2. J'en voulais à ce marchand.
 3. Je déplaisais à ces gens.
 4. Il causait avec cet homme.
 5. Il l'a acheté pour cet homme
 6. Nous l'avons promis à cette femme.
 7. Nous sommes restés chez cet assassin.
 8. Je suis fâché contre ce guide.
 9. J'ai écrit un essai sur ces gens.
 10. Elle s'est mariée avec ce jeune homme.

II. Transformez les phrases suivantes selon le modèle.

MODÈLE: J'ai répondu à la lettre.
   Voilà la lettre à laquelle j'ai répondu.

 1. J'ai pensé à cette possibilité.
 2. Nous avons pénétré dans la chambre.
 3. Il a pensé au problème.
 4. Ils ont écrit sur ce sujet.
 5. Elle s'est amusée avec les couteaux.
 6. J'y suis monté par l'échelle.
 7. Vous vous intéressez aux tableaux.
 8. Nous obéissons à ces règles.

§111. If the preposition is **de**, then the relative pronoun is **dont**, used for both persons and things:

Je me souviens **de ce jeune homme**.	*I remember **that young man**.*
C'est le jeune homme **dont** je me souviens.	*He's the young man (**whom**) I remember.*
Je vous ai parlé **de cette situation**.	*I spoke to you **about this situation**.*
C'est la situation **dont** je vous ai parlé.	*It's the situation (**that**) I talked to you **about**.*

EXERCICE

Transformez les phrases suivantes selon le modèle.

MODÈLE: Nous avons parlé du tableau.
  Voici le tableau dont nous avons parlé.

1. Il s'agit de la famille.
2. Nous avons besoin du couteau.
3. Vous parliez de cette personne.
4. J'avais peur de ces chiens.
5. Vous vous souviendrez de cette fille.
6. Ils profitent de la circonstance.
7. Je me moque de ces satellites.
8. Elle avait peur de cet homme.
9. Il a besoin d'une femme.
10. Je m'étonne de ce passage.
11. Nous nous sommes servis du couteau.

§112. **Dont** corresponds roughly with English *of which, of whom,* and *whose.* However, in sentences with *whose,* the English word order conflicts with the French equivalent:

Voici le jeune homme **dont** vous connaissez **le père**.	*Here is the young man **whose father** you know.*

Remember that after **dont** normal word order occurs in French, i.e., subject + verb + object.

Note, too, that the definite article appears in French, but not in English. This problem also occurs in sentences in which there is no direct object:

Voici le jeune homme **dont la mère** arrive demain.	*Here is the young man **whose mother** arrives tomorrow.*

[handwritten top margin: "whose—" generally "dont"]

[handwritten: dont—sub—verbs—object]

EXERCICE

Traduisez en français.

1. It's the man whose daughter you saw. *[handwritten: C'est l'homme dont que si vous avec ... fille]*
2. It's the man whose car you bought.
3. It's the lady whose house you sold. *[handwritten: C'est la femme dont vous avez vendu la maison]*
4. It's the girl whose heart he conquered.
5. It's the boy whose friends didn't come.
6. It's the child whose mother is not coming back. *[handwritten: C'est l'enfant dont la mère ne revient pas / no object]*
7. It's the student whose brother died.

[handwritten: C'est l'étudient dont le frère est mort.]

EXERCICE DE SYNTHÈSE

Combinez les deux phrases de manière à employer le pronom relatif.

MODÈLES: L'homme est sympathique; il me parle.

    L'homme qui me parle est sympathique.

    L'homme est sympathique; nous parlons de lui.

    L'homme dont nous parlons est sympathique. *[handwritten: L'homme à qui vous pensez est sympathique]*

1. L'homme est sympathique; vous pensez à lui. *[handwritten: qui]*
2. L'homme est sympathique; vous l'attendez. *[handwritten: que]*
3. L'homme est sympathique; vous parlez avec lui. *[handwritten: qui]*
4. L'homme est sympathique; je travaille pour lui.
5. L'homme est sympathique; il pleure.
6. L'homme est sympathique; vous le regardez.
7. L'homme est sympathique; je comptais sur lui.
8. Le livre est ennuyeux; vous l'avez acheté. *[handwritten: que]*
9. Le livre est ennuyeux; il est dans le tiroir. *[handwritten: qui]*
10. Le livre est ennuyeux; vous en parlez. *[handwritten: Le livre dont vous parlez ennuyeux.]*
11. Le livre est ennuyeux; vous en avez besoin.
12. Le livre est ennuyeux; il s'agit de lui.
13. Le livre est ennuyeux; j'y pense. *[handwritten: Le livre auquel je pense est ennuy]*
14. Le livre est ennuyeux; je m'en moque.
15. Le livre est ennuyeux; je m'y habitue.
16. La valise est lourde; nous en parlons.
17. La valise est lourde; nous y pensons.
18. La valise est lourde; vous en avez besoin.
19. La valise est lourde; vous voyagez avec elle.
20. La valise est lourde; il y a des lettres dedans.

PROBLÈMES PARTICULIERS

§113. *Limitations on the use of* **dont**. It cannot be used when **de** is part of a
compound preposition (**autour de, près de, à côté de**, etc.):

C'est la femme **près de qui** je me trouvais.	*She's the woman **near whom** I found myself.*
C'est l'église **à côté de laquelle** nous habitions.	*That's the church we used to live **next to**.*

§114. *Prepositions and indefinite antecedents.* Just as **ce qui** and **ce que** replace **qui**
and **que** when the antecedent is indefinite or unspecified, there are corresponding
forms that occur when prepositions are involved. Since there can be no question
of masculine or feminine here, **quoi** replaces the **lequel, laquelle** forms:

Ce à quoi vous pensez est absurde.	*What (**that which**) you are thinking **of** is absurd.*
Ce dont nous avons besoin, c'est d'un couteau.	*What (**that which**) we need is a knife.*

The **ce** is dropped if the clause is the object of the main verb:

Je ne comprends pas **à quoi** vous pensiez.	*I don't know **what** you were thinking **of**.*
Je ne sais pas **de quoi** il s'agissait.	*I don't know **what** it was **about**.*
Il me disait **sur quoi** il écrivait son article.	*He told me **what** he was writing his article **about**.*
Voilà **avec quoi** je travaille.	*That's **what** I work **with**.*

Ce dont and even **ce à quoi** have some usefulness, but one would do well to
avoid the rest of this series (**ce sur quoi, ce avec quoi**, etc.), for although they
are grammatically valid, they are clumsy.

EXERCICE

Traduisez en français.

1. That's what I was thinking of.
2. What we were talking about is important.
3. That's what he is afraid of.

4. What we need is money.
5. What you're thinking about is ridiculous.

THÈME

Naturally I know the young man you speak of. About two years ago, I believe, he lived next door to us in Saint-Germain-des-Prés. It's him, I'm sure of it. He hated us because we came from Calabria. He had gone there once and had got separated from the people with whom he was traveling. He had got lost and had spent a night during which he had almost died of fear. I know what is bothering him. It's that night, which he thinks of always. It's a night that he cannot forget, a night that he remembers with anguish.

XI

André Maurois

La Carte
postale

J'avais quatre ans, dit Nathalie, quand ma mère quitta mon père pour
épouser ce bel Allemand. J'aimais beaucoup papa, mais il était faible et résigné;
il n'insista pas pour me garder à Moscou. Bientôt, contre mon gré, j'admirai
mon beau-père. Il montrait pour moi de l'affection. Je refusai de l'appeler Père;
on finit par convenir que je le nommerais Heinrich, comme faisait ma mère.   5

Nous restâmes trois années à Leipzig, puis maman dut revenir à Moscou
pour arranger quelques affaires. Elle appela mon père au téléphone, eut avec lui
une conversation assez cordiale et lui promit de m'envoyer passer une journée
chez lui. J'étais émue, d'abord de le revoir, et aussi de retrouver cette maison
où j'avais tant joué et dont je gardais un merveilleux souvenir.   10

Je ne fus pas déçue. Le suisse[1] devant la porte, la grande cour pleine de neige
ressemblaient aux images de ma mémoire. Quant à mon père, il avait fait des
efforts immenses pour que cette journée fût parfaite. Il avait acheté des jouets
neufs, commandé un merveilleux déjeuner et préparé pour la nuit tombante un
petit feu d'artifice[2] dans le jardin.   15

Papa était un homme très bon, mais d'une maladresse infinie. Tout ce qu'il
avait organisé avec tant d'amour échoua. Les jouets neufs ne firent qu'aviver mes
regrets de jouets anciens que je réclamai et qu'il ne put retrouver. Le beau
déjeuner, mal préparé par des domestiques que ne surveillait plus aucune femme,

---

[1] **suisse:** doorman.
[2] **feu d'artifice:** fireworks.

me rendit malade. Une des fusées du feu d'artifice tomba sur le toit, dans la cheminée de mon ancienne chambre et mit le feu au tapis. Pour éteindre ce commencement d'incendie, toute la maison dut faire la chaîne avec des seaux[3] et mon père se brûla une main, de sorte que ce jour qu'il avait voulu si gai me
5 laissa le souvenir de flammes terrifiantes et de l'odeur triste des pansements.

Quand le soir ma Fraülein[4] vint me chercher, elle me trouva en larmes. J'étais bien jeune, mais je sentais avec force les nuances de sentiments. Je savais que mon père m'aimait, qu'il avait fait de son mieux et qu'il n'avait pas réussi. Je le plaignais, et en même temps, j'avais un peu honte de lui. Je voulais lui
10 cacher ces idées, j'essayais de sourire et je pleurais.

Au moment du départ, il me dit que c'était l'usage en Russie de donner à ses amis, pour Noël, des cartes ornées, qu'il en avait acheté une pour moi et qu'il espérait qu'elle me plairait. Quand je pense aujourd'hui à cette carte, je sais qu'elle était affreuse. En ce temps-là j'aimais, je crois, cette neige pailletée, faite de
15 borate de soude,[5] ces étoiles rouges collées derrière un transparent bleu de nuit et ce traîneau,[6] qui, mobile sur une charnière de carton,[7] semblait galoper hors de la carte. Je remerciai papa, je l'embrassai et nous nous séparâmes. Depuis il y a eu la Révolution et je ne l'ai jamais revu.

Ma Fraülein me ramena jusqu'à l'hôtel où étaient ma mère et mon beau-père.
20 Ils s'habillaient pour dîner chez des amis. Maman, en robe blanche, portait un grand collier de diamants. Heinrich était en habit. Ils me demandèrent si je m'étais amusée. Je dis sur un ton de défi que j'avais passé une journée admirable et je décrivis le feu d'artifice sans dire un seul mot de l'incendie. Puis, sans doute comme preuve de la magnificence de mon papa, je fis voir ma carte postale.

25 Ma mère la prit, et, tout de suite, éclata de rire:

—Mon Dieu! dit-elle. Ce pauvre Pierre n'a pas changé... Quelle pièce pour le Musée des Horreurs!

Heinrich, qui me regardait, se pencha vers elle, le visage fâché:

—Allons, dit-il à voix basse, allons... Pas devant cette petite.
30 Il prit la carte des mains de ma mère, admira en souriant les paillettes de neige, fit jouer le traîneau sur sa charnière et dit:

—C'est la plus belle carte que j'aie jamais vue; il faudra la garder avec soin.

---

[3] **faire . . . des seaux:** to form a bucket brigade (*lit.*, make a chain with buckets).

[4] **Fraülein:** governess. Maurois uses the German word to remind us that Nathalie has been living in Germany.

[5] **cette neige . . . de soude:** that sparkling snow made out of borax crystals.

[6] **traîneau:** sleigh.

[7] **charnière de carton:** cardboard hinge.

J'avais sept ans, mais je savais qu'il mentait, qu'il jugeait comme maman cette carte affreuse, qu'ils avaient raison tous deux et que Heinrich voulait, par pitié, protéger mon pauvre papa.

Je déchirai la carte et c'est depuis ce jour que j'ai détesté mon beau-père.

QUESTIONS

1. Pourquoi le père n'insiste-t-il pas pour garder sa fille?
2. Quelles sont les deux raisons indiquées par Nathalie pour expliquer son émotion à son retour à Moscou?
3. Quel est le résultat des efforts faits par le père de Nathalie pour faire de son retour une fête?
4. Pourquoi, tout en aimant son père, Nathalie a-t-elle un peu honte de lui?
5. Pourquoi n'a-t-elle jamais revu son père?
6. Pourquoi Nathalie prétend-elle avoir passé une journée admirable?
7. A quelle raison obéit Nathalie en montrant la carte postale de son père?
8. Pourquoi sa mère éclate-t-elle de rire en voyant la carte?
9. Quel est le motif qui pousse Heinrich à juger belle une carte si évidemment laide?
10. Quelle est la conséquence de cette intervention de Heinrich?

QUESTIONS FACULTATIVES

1. Essayez d'analyser les sentiments de Nathalie et d'Heinrich dans le premier paragraphe et montrez comment ils préparent la conclusion du conte.
2. Le père n'apparaît pas directement dans le récit. Quelle image sa fille essaie-t-elle de donner de lui?
3. La carte de Noël était sûrement affreuse. Mais quelle a été la réaction de la jeune fille en la recevant?
4. Quelle impression l'auteur a-t-il voulu nous donner de la mère?
5. Pourquoi le fait que sa mère et son beau-père aient raison augmente-t-il la colère de Nathalie?
6. Pour quelle raison estimez-vous que la fillette a bien senti tout le mépris qu'avait Heinrich pour son père?

INTERROGATIVE PRONOUNS

§115. In questions referring to persons (*who?*, *whom?*, *to whom?*, etc.) the pronoun in French is always **qui**. Since in conversational English *whom* is quite rare, the structural pattern is much the same in French and English:

Qui parle?	**Who** *speaks?*
Qui avez-vous vu?	**Who(m)** *did you see?*

But notice the difference in word order when there is a preposition:

A qui parliez-vous?	**Who(m)** *were you talking* **to**?

In English we can, of course, say "To whom were you talking?," though this is not often used in everyday speech. In French there is no choice; the preposition must come at the beginning.

EXERCICES

I. Remplacez le sujet par le pronom interrogatif.

MODÈLE: Nathalie avait quatre ans.
      Qui avait quatre ans?

1. Sa mère a quitté son père.
2. Un bel Allemand a épousé sa mère.
3. Le père était faible et résigné.
4. La fille aimait beaucoup son papa.
5. Heinrich est resté à Leipzig.
6. La mère voulait arranger quelques affaires.
7. Nathalie a passé une journée chez son père.
8. Le père avait fait des efforts immenses.
9. Le père s'est brûlé la main.

II. Remplacez le complément direct par un pronom interrogatif.

MODÈLE: J'ai quitté ma femme.
      Qui avez-vous quitté?

1. J'admirais mon beau-père.
2. Elle a épousé un bel Allemand.

3. J'ai remercié mon papa.
4. Nous avons ramené la petite à l'hôtel.
5. Il voulait protéger son papa.
6. Elle a appelé son père au téléphone.
7. Elle va quitter son Allemand.

III. Remplacez le complément d'objet de la préposition par le pronom interrogatif.

MODÈLE: Il pensait à sa fille.
     A qui pensait-il?

1. Il disait cela à une femme désolée.
2. Elle a monté les marches avec son mari.
3. Elle a entendu parler de la belle Jeanne.
4. Elle avait besoin du jeune homme.
5. Il s'agit de la domestique.
6. Elle se souvient de sa mère.
7. Il s'intéresse à la princesse.
8. Elle va loger chez son beau-père.

§116. **Qui** used as the subject has a longer equivalent, **qui est-ce qui:**

Qui	parle?	
Qui est-ce **qui** parle?		*Who is talking?*
Qui	arrive?	
Qui est-ce **qui** arrive?		*Who is arriving?*

Qui used as the object of a verb or as the object of a preposition has the equivalent long forms **qui est-ce que, à qui est-ce que, de qui est-ce que,** etc.

Qui	avez-vous vu?	
Qui est-ce **que** vous avez vu?		*Who(m) did you see?*
A qui	parliez-vous?	
A qui est-ce **que** vous parliez?		*Who(m) were you talking to?*

In these two cases the longer form eliminates the need for inversion of the verb and is therefore the more usual form in conversation.[1]

EXERCICE

*Refaites les exercices précédents (I, II, III) en employant les locutions **qui est-ce qui, qui est-ce que, à qui est-ce que,** etc.*

---

[1] Since **qui est-ce qui** and **qui** function as *subject* pronouns, they do not affect the question of inversion.

§117. When the question refers to things (*what?*) the matter is rather more complicated.

If the interrogative word is the subject of the verb, it is **qu'est-ce qui** (as opposed to **qui** and **qui est-ce qui** for persons):

Qu'est-ce **qui** se passe?   *What* is happening?
Qu'est-ce **qui** sonne?   *What* is ringing?

There is no short form for this expression.[2]

EXERCICE

Remplacez le sujet par le pronom interrogatif.

MODÈLE: L'exécution aura lieu demain.
         Qu'est-ce qui aura lieu demain?

1. Le déjeuner l'a rendu malade.
2. Son visage lui déplaît.
3. Sa mélancolie est profonde.
4. La carte était affreuse.
5. Cette pensée consolera Nathalie.
6. Mon cœur est resté jeune.
7. Le succès écrase les gens.
8. Une fusée est tombée sur le toit.

§118. If the interrogative word is the *object*, it is **qu'est-ce que**, or **que** with inverted word order (as opposed to **qui est-ce que** and **qui** for persons):[3]

Qu'est-ce **que** vous faites? ⎫
Que   faites-vous? ⎬ *What* are you doing?

Qu'est-ce **que** nous attendons? ⎫
Qu'   attendons-nous? ⎬ *What* are we waiting for?

---

[2] *Que s'est-il passé?* and *Qu'est-il arrivé?* occur in written French more often than in conversation. The construction is rarely used with other verbs.

[3] When the subject of such a sentence is a noun, the conversational form is *Qu'est-ce que mon père fait?* (What is my father doing?); *Qu'est-ce que vos amis en pensent?* (What do your friends think of it?). Written and more formal French call for inversion of the noun subject: *Que fait votre père?* and *Qu'en pensent vos amis?* However, this cannot be done when the verb is in a compound tense: *Qu'est-ce que votre père avait acheté?* (What had your father bought?).

EXERCICE

Remplacez le complément direct par le pronom interrogatif, d'abord par **qu'est-ce que,** *ensuite par* **que.**

MODÈLE: Elle doit arranger quelques affaires.
  Qu'est-ce qu'elle doit arranger?
  Que doit-elle arranger?

1. Nous avons commandé un merveilleux déjeuner.
2. Nous en avons gardé un beau souvenir.
3. Il avait préparé un feu d'artifice.
4. Il s'est brûlé la main.
5. On a dû faire la chaîne.
6. Il a pris une paire de pincettes.
7. Il lui a conté ses malheurs.
8. Ils ont raté cette affaire.
9. Il lui a demandé l'hospitalité.
10. Il faisait son travail.

§119. If the interrogative word is the object of the preposition it is **quoi** (as opposed to **qui** for persons):

A quoi   pensiez-vous?⎱ **What** were you thinking **of**?
A quoi est-ce que vous pensiez?⎰

De quoi   s'agit-il? ⎱ **What** is it **about**?
De quoi est-ce qu'il s'agit? ⎰

EXERCICE

Remplacez l'objet de la préposition par le pronom interrogatif, d'abord par **est-ce que,** *puis par inversion.*

MODÈLE: L'enfant ressemblait à un ange.
  A quoi est-ce que l'enfant ressemblait?
  A quoi l'enfant ressemblait-il?

1. Il a envie de mon argent.
2. L'escalier mène à l'échafaud.
3. Il s'est arrêté devant le tableau.

4. Henri a échappé au couteau de l'assassin.
5. Il n'aura pas besoin de chien.
6. Il va s'installer sur la terre.
7. Elle est rentrée dans son atelier.
8. Il s'intéresse au cœur de l'homme.
9. Il se moque de la conquête de la lune.

§120. Summary of interrogative pronouns.

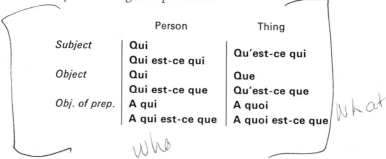

	Person	Thing
Subject	Qui Qui est-ce qui	Qu'est-ce qui
Object	Qui Qui est-ce que	Que Qu'est-ce que
Obj. of prep.	A qui A qui est-ce que	A quoi A quoi est-ce que

EXERCICES DE SYNTHÈSE

I. *Remplacez le sujet en employant* **qui** *ou* **qu'est-ce qui** *selon le cas.*

MODÈLES: La mère a éclaté de rire.
Qui a éclaté de rire?
La carte était affreuse.
Qu'est-ce qui était affreuse?[4]

1. L'enfant réclame ses anciens jouets.
2. La fusée est tombée sur le toit.
3. Le jeune homme lui a cassé la tête.
4. Mon frère avait vu l'accident.
5. Son visage me déplaît.
6. Ses yeux brillaient.
7. Charles cherchait un appartement.
8. Mon ami m'a regardé dans le blanc des yeux.
9. Sa bêtise est impardonnable.
10. L'étude redouble son angoisse.

---

[4] Note that a Frenchman would not normally ask the question in this way; he would use the masculine ending (*affreux*). The use of the feminine ending would imply that he did in fact know what was frightful. If, however, as presumably here, he simply did not hear the word *carte*, but did hear the adjective, then he might legitimately ask: *Qu'est-ce qui était affreuse?* (What [did you say] was frightful?).

Persons   *things*

II. *Remplacez le complément direct en employant* **qui est-ce que** *ou* **qu'est-ce que**
   selon le cas.

MODÈLES: Elle a demandé dix francs.
          Qu'est-ce qu'elle a demandé?
          Elle a tué sa sœur.
          Qui est-ce qu'elle a tué?

   1. Elle a demandé le prix du tableau.
   2. Il va écrire un roman.
   3. On connaît cette personne.
   4. Nous allons chercher la vieille Indienne.
   5. On a détrôné la souveraine.
   6. Elle ne comprend pas ma question.
   7. Il éprouve un sentiment douloureux.

III. *Remplacez le complément d'objet de la préposition par la locution* **qui** *ou* **quoi**
    précédée par la préposition.

MODÈLES: Il déplaît au roi.
          A qui déplaît-il?
          Il s'intéresse à la danse.
          A quoi s'intéresse-t-il?

   1. Il s'intéresse à la peinture italienne.
   2. Nous pensions à cette carte affreuse.
   3. Nous pensions à nos amis.
   4. Il est sûr de ces faits.
   5. Il est sûr de sa mère.
   6. Il est parvenu à l'échafaud.
   7. Vous avez besoin du Président.
   8. Tu as peur de l'obscurité.
   9. Elle a peur de la princesse.
   10. Elle déplaît à tout le monde.

§121. **Lequel** and **laquelle** are used to replace **quel** or **quelle** plus a noun:

Quelle maison préférez-vous?	*Which house do you prefer?*
Laquelle préférez-vous?	*Which one do you prefer?*

Of course, if the verb requires a preposition, it will precede **lequel**. If the
preposition is **de** or **à** it combines with **lequel, lesquels, lesquelles** to become
duquel, desquels, desquelles; and **auquel, auxquels, auxquelles.**

Auxquels de ces hommes parliez-vous?	*Which of these men were you talking to?*
Duquel de ces livres avez-vous besoin?	*Which of these books do you need?*

EXERCICE

Transformez les phrases suivantes selon le modèle.

MODÈLE: Quel livre voulez-vous acheter?
Lequel voulez-vous acheter?

1. Quelle chambre voulez-vous occuper?
2. Quel jouet voulez-vous avoir?
3. De quel lit s'agit-il?
4. Devant quelle vitrine vous êtes-vous arrêté?
5. De quel homme parliez-vous?
6. De quels monstres avez-vous rêvé?
7. De quelles histoires vous souvenez-vous?
8. A quelle toile vous intéressez-vous?
9. Quelle femme avez-vous regardée?
10. Quelle aventure voulez-vous conter?

§122. **Qu'est-ce que c'est que** is invariable and is used when asking for a definition, a description, or an explanation:[5]

Qu'est-ce que c'est que ça?	**What's** that?
Qu'est-ce que c'est qu'un écha-faud?	**What's** a scaffold?

There is also a more formal, literary form:

Qu'est-ce que la vie?   **What is** life?

EXERCICE

Faites les substitutions indiquées dans la phrase suivante:

Qu'est-ce que c'est que *la réalité?*

Substituez: l'existence / la vérité / l'amour / un tableau / une soucoupe volante / une bêtise / une souveraine / un sou

---

[5] Do not confuse this with **quel**, which is normally used to elicit a specific item of information: *Quelle est votre adresse?* (What is your address?). We could, of course, ask: *Qu'est-ce qu'une adresse?* (What is an address?). In this case we are asking either for a definition of the word itself or for an explanation of the importance sometimes attached to addresses. Compare: *Qu'est-ce que c'est qu'une idée?* (What is an idea?); *Quelle est votre idée?* (What is your idea?).

§123. Certain features of the interrogative and relative pronouns are in apparent conflict and can cause difficulty if we do not learn to keep them separate: **Qui** as an interrogative is always personal (*who?*); **que** as an interrogative is always impersonal (*what?*).

But the choice of **qui** or **que** as *relative* pronouns is determined entirely by grammatical function (**qui**, subject/ **que**, object), not by the personal or impersonal quality of the antecedent (*who/what*).

Dont, a relative pronoun, can be used with reference to persons or to things, but it can never be used as an interrogative. You must instead use **de qui** and **de quoi**.

Study the following chart showing the differences between the interrogative and relative pronouns:

		Interrogative	Relative
Person	Subject	qui	qui
	Object	qui	que
	Obj. of prep.	à qui	à qui
		de qui	dont
Thing	Subject	qu'est-ce qui	qui
	Object	que	que
	Obj. of prep.	à quoi	auquel, à laquelle
		de quoi	dont

The interrogative *person*-forms are all **qui**; the interrogative *thing*-forms are all **que** (**quoi** is merely a stressed form of **que**, as **moi** is a stressed form of **me**). While **qui** and **que** as relatives may be either personal or impersonal, when used after a preposition **qui** is personal only.

EXERCICE DE SYNTHÈSE

Traduisez en français.

1. What are you saying?
2. What are you doing?
3. What woke me up?
4. What is philosophy?
5. What is your philosophy?
6. What happened?
7. What were you thinking of?
8. What do you need?
9. Who ate my omelet?

10. Who has to work?
11. Whom are you talking to?
12. Whom are you looking at?
13. Whom did you invite?
14. Whom are you counting on?
15. Whom do you need?
16. What is memory?
17. Who told the story?
18. What fell?
19. Here are two books. Which one do you want?
20. Here are some shirts. Which one do you like best?
21. You have many friends. Which ones do you need?
22. Whom are you thinking of? There's the girl I'm thinking of.
23. What do you need? There is the book I need.
24. Whom did you see? There's the man I saw.
25. Who is talking? That's my father who is talking.
26. What's making that noise? It's the train that is making that noise.

PROBLÈMES PARTICULIERS

§124. The verb **devoir** will in almost all cases give a satisfactory rendering of **falloir** in the same tense, and thus serves as a means of avoiding certain clumsy subjunctives.[6]

EXERCICE

Transformez les phrases suivantes selon le modèle.

Modèle: Il faut que je dorme.
      Je dois dormir.

1. Il fallait que je commence mon travail.
2. Il faudrait que nous montions l'escalier.
3. Il n'aurait pas fallu vous inquiéter.
4. Il faudrait que j'y réfléchisse.
5. Il faut qu'ils fassent ce travail.

---

[6] See §90.

6. Il a fallu qu'elle vînt me voir.
7. Il ne faut pas que vous soyez inquiet.
8. Il fallait que je lui dise la vérité.

§125. **Devoir** is perhaps the most ambiguous verb in French, and it has the further disadvantage of rarely corresponding in any regular way to equivalent English expressions. The meanings change significantly according to the tense. Note particularly the meaning of the conditional tenses:

Present:	Je **dois** le faire.	*I have to do it.* *I must do it.* *I am to do it.* *I am supposed to do it.*
Imperfect:	**Je devais** le faire.	*I was supposed to do it.* *I was to do it.* *I had to do it* (regularly).
Compound past:	**J'ai dû** le faire.	*I must have done it.* *I had to do it* (on that occasion).
Conditional:	**Je devrais** le faire.	*I should do it.* *I ought to do it.*
Past conditional:	**J'aurais dû** le faire.	*I should have done it.* *I ought to have done it.*

There are still subtler shades of meaning for **devoir**, but these are the most important.

EXERCICE

Traduisez en français.

1. He was supposed to start his work at noon.
2. We should have known that.
3. He is supposed to come soon.
4. They had to go back to bed.
5. You must have seen her.
6. I should not get upset.
7. I must have fallen asleep.
8. You should not have written that book.
9. He had to go back to the studio.
10. They should try to understand.

THÈME

Forgive me, miss, but I have to ask you a few questions. I should have explained to
you that you were supposed to be here yesterday.   —I'm sorry. I didn't understand.   —First, what is your father's name?   —His name is Alexander.   —What
did he buy for you?   —He bought me some new toys.   —What caused the fire?
—It was a rocket from the fireworks display.   —What made you ill?   —The
dinner was badly prepared.   —One more question: What were you thinking of
later on that night?   —I was thinking of the card my father had given me. It was
frightful, but I loved it.

XII

Alain

En famille

Il y a deux espèces d'homme, ceux qui s'habituent au bruit et ceux qui essaient de faire taire les autres. J'en ai connu beaucoup qui, lorsqu'ils travaillent ou lorsqu'ils attendent le sommeil, entrent en fureur pour[1] une voix qui murmure ou pour une chaise un peu vivement remuée: j'en ai connu d'autres qui s'interdisent absolument de régler les actions d'autrui; ils aimeraient mieux 5 perdre une précieuse idée ou deux heures de sommeil que d'arrêter les conversations, les rires et les chants du voisin.

Ces deux espèces de gens fuient leurs contraires et cherchent leurs semblables par le monde. C'est pourquoi on rencontre des familles qui diffèrent beaucoup les unes des autres par les règles et les maximes de la vie en commun. 10

Il y a des familles où il est tacitement convenu que ce qui déplaît à l'un est interdit à tous les autres. L'un est gêné par le parfum des fleurs, l'autre par les éclats de voix; l'un exige le silence du soir et l'autre le silence du matin. Celui-ci ne veut pas qu'on touche à la religion; celui-là grince des dents dès que l'on parle politique. Tous se reconnaissent les uns aux autres un droit de «veto»; tous 15 exercent ce droit avec majesté. L'un dit: «J'aurai la migraine toute la journée, à cause de ces fleurs», et l'autre: «Je n'ai pas fermé l'œil cette nuit à cause de cette porte qui a été poussée un peu trop vivement vers onze heures.» C'est à l'heure du repas, comme à une sorte de Parlement, que chacun fait ses doléances. Tous

---

EMILE CHARTIER, dit ALAIN (1868–1951), professeur et critique, a exercé la plus profonde influence sur les esprits avant et aussitôt après la première guerre mondiale. Ses *Propos* sur différents sujets témoignent d'un goût très vif pour une philosophie sceptique et indulgente, un amour sincère des hommes joint à une culture en profondeur qui font de lui un des derniers grands représentants de l'humanisme.

[1] **entrent en fureur pour:** go into a rage about.

connaissent bientôt cette charte compliquée, et l'éducation n'a pas d'autre objet que de l'apprendre aux enfants. Finalement, tous sont immobiles, et se regardent, et disent des pauvretés. Cela fait une paix morne et un bonheur ennuyé. Seulement comme, tout compte fait,[2] chacun est plus gêné par tous les autres qu'il ne
5   les gêne, tous se croient généreux et répètent avec conviction: «Il ne faut pas vivre pour soi; il faut penser aux autres.»

Il y a aussi d'autres familles où la fantaisie de chacun est chose sacrée, chose aimée, et où nul ne songe jamais que sa joie puisse être importune aux autres. Mais ne parlons point de ceux-là; ce sont des égoïstes.

QUESTIONS

   1. Quelles sont les deux espèces d'hommes dont parle l'auteur?
   2. A quels moments le bruit est-il particulièrement désagréable à ceux qui ne l'aiment pas?
   3. Pourquoi d'autres refusent-ils d'interrompre le voisin, qui pourtant les dérange?
   4. Laquelle des deux espèces de famille est spécialement décrite?
   5. A quel moment les membres de cette famille se rencontrent-ils?
   6. Quel est le résultat de cette éducation par abstention?
   7. Pourquoi tous les membres de cette famille se croient-ils généreux?
   8. En quel sens peut-on dire que l'autre famille est composée d'égoïstes?
   9. Dans quelle famille Alain laisse-t-il entendre qu'il est plus agréable de vivre?

QUESTIONS FACULTATIVES

   1. De quelle façon l'auteur passe-t-il des hommes aux familles?
   2. Quels sont les termes qui donnent l'impression que cette famille est comme une assemblée politique?
   3. Est-ce que les gens de cette famille s'intéressent vraiment aux autres ou ne s'y intéressent-ils que pour que les autres ne les dérangent pas?
   4. Quels sont les mots qu'emploie Alain dans le dernier paragraphe pour montrer que ce sont ces familles-là qui sont les seules vivantes?
   5. La dernière phrase est ironique; en quoi l'est-elle?

---

[2] **tout compte fait:** when all is said and done.

DEMONSTRATIVE PRONOUNS

§126. Note the following sentences:

Celui-ci ne veut pas qu'on touche à la religion.

This one doesn't want people to talk about religion.

Celui-là grince des dents dès que l'on parle politique.

That one grinds his teeth when anybody talks politics.

These are demonstrative pronouns because they replace **cet homme-ci** and **cet homme-là,** which are both demonstrative and nouns. Further examples:

Cette famille est plus gaie que **cette famille-là.**

This family is merrier than that family.

Celle-ci est plus gaie que **celle-là.**

This one is merrier than that one.

Ces parfums-là me dégoûtent.

Those perfumes disgust me.

Ceux-là me dégoûtent.

Those disgust me.

Ces fleurs-ci sont très belles.

These flowers are very beautiful.

Celles-ci sont très belles.

These are very beautiful.

In English we render these pronouns in the singular with *this one* and *that one,* but in the plural with *these* and *those.*

EXERCICE

Transformez les phrases suivantes selon le modèle.

MODÈLE: Cet essai-là est très amusant.
Celui-là est très amusant.

1. Cette femme-là exige le silence.
2. Ce bramin-là se croit malheureux.
3. Ces enfants-ci sont plus gais que ces enfants-là.
4. Ces familles-là connaissent un bonheur ennuyé.
5. Ne parlons point de ces gens-là.
6. Cette personne-ci est plus égoïste que cette personne-là.

§127. **Celui, celle, ceux and celles** can never be used alone. They must have some modifying structure, either **-ci, -là,** a prepositional phrase (*celui de mon*

père, my father's), or a relative clause (*ceux qui s'habituent au bruit*, those who get
used to noise).

The structures are often out of parallel with English:

C'est **la chaise de ma mère.**	*It's **my mother's chair.***
C'est **celle de ma mère.**	*It's **my mother's.***
Ce sont **les gants de Jean.**	*They're **John's gloves.***
Ce sont **ceux de Jean.**	*They're **John's.***

EXERCICE

Transformez les phrases suivantes selon le modèle.

MODÈLE: Voilà la moustache de mon père.
        Voilà celle de mon père.

   1. Voilà les fleurs de mon amie.
   2. Voilà les convictions de mon professeur.
   3. Voilà les yeux du pauvre.
   4. Voilà le livre de mon ami.
   5. Voilà la fille de François.
   6. Voilà les parfums de Louise.

§128. Compare the English and French structures as they appear in relative
clauses:

She's **the one who** lives next door.	C'est **celle qui** habite à côté.
He who fights and runs away . . .	**Celui qui** se bat et se sauve . . .
The ones that / **Those** } I saw were excellent.	**Ceux que** j'ai vus étaient excellents.
Those who / **The ones who** } have children are happier.	**Celles qui** ont des enfants sont plus heureuses.

EXERCICE

Remplacez les noms par le pronom démonstratif.

MODÈLE: Les familles que je connais sont tristes.
        Celles que je connais sont tristes.

1. Les hommes qui parlent de politique sont ennuyeux.
2. Les femmes qui parlent trop fort sont déplaisantes.
3. Les fleurs que j'ai vues étaient fanées.
4. Les enfants que nous avons regardés étaient joyeux.
5. Le livre que j'ai lu redouble mon inquiétude.
6. Les années que j'ai vécues sont des années perdues.
7. La femme dont j'ai parlé s'en va demain.
8. L'agent avec qui je parlais a la migraine.

§129. In sentences having two nouns, one or both of which we have to refer back to, we can keep things clear by using **celui-ci** (*celle-ci*) for the closer one, **celui-là** (*celle-là*) for the more distant one (*the latter* and *the former* in English).

> Paul est plus amusant que **son frère**, mais **celui-ci** est très gentil.
>
> *Paul is more fun than **his brother**, but **his brother** is very nice.*

> **Les lettres de Gœthe** sont moins intéressantes que celles de Mme de Sévigné, mais c'est de **celles-là** que je vais parler.
>
> ***Goethe's letters** are less interesting than those of Mme de Sévigné, but it is of **his** that I am going to speak.*

Sometimes *celui-ci* is used simply to refer back to a noun at the end of the previous sentence:

> Lundi, j'ai vu **Mme Péret. Celle-ci** écrivait un poème.
>
> *Monday I saw **Mme Péret. She** was writing a poem,*

EXERCICE

Transformez les phrases suivantes selon le modèle.

MODÈLE: J'ai vu Paul et Maurice. J'aime mieux Paul.
  J'aime mieux celui-là.

1. François et Pierre sont arrivés. Pierre avait bu.
2. J'ai lu Balzac et Rabelais. Rabelais est plus amusant.
3. Louise et Anne viendront bientôt. Anne doit arriver avant Louise.
4. Tu vois cette fille et sa mère? La fille est malade.
5. Je connais Gaston et son frère. Le frère a des idées bizarres.
6. Les Dupont et les Teyssier se disputent cette terre. Les Dupont sont en colère.

§130. To sum up, French sentences using a demonstrative pronoun usually follow this structure:

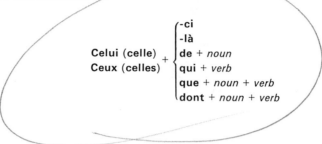

$$\text{Celui (celle)} \atop \text{Ceux (celles)} \quad + \quad \begin{cases} \textbf{-ci} \\ \textbf{-là} \\ \textbf{de} + noun \\ \textbf{qui} + verb \\ \textbf{que} + noun + verb \\ \textbf{dont} + noun + verb \end{cases}$$

EXERCICE DE SYNTHÈSE

Traduisez en français.

1. Women! The ones I know are adorable.
2. This letter is more interesting than that one.
3. Those gloves are expensive. These are less expensive.
4. Those who understand are lucky.
5. The one (*m.*) he is selling is not the one I talked about.
6. This is the wrong book. The one I need is over there.
7. I saw Gérard and Alain. The latter is writing a novel.
8. That's (*voilà*) my room and that's my sister's.
9. These are my friends; my brother's aren't invited.
10. She's the one that you insulted!

§131. Ceci and **cela** (or **ça**), corresponding approximately to English *this* and *that*, are demonstrative pronouns that occur without antecedents. They can refer to whole ideas or statements:

Les hommes sont méchants; **cela** est évident.[1]	*Men are evil; **that's** obvious.*
Il dit qu'il sait la vérité. **Cela** m'étonnerait.	*He says he knows the truth. **That** would surprise me.*

or they can refer to objects not actually named:

Il m'a envoyé **ceci** hier soir.	*He sent me **this** last night.*
Je n'ai jamais vu **cela**.	*I never saw **that**.*

---

[1] **Cela est** is frequently shortened to **c'est**.

EXERCICE

Traduisez en français.

1. That interests me very much.
2. Why do you say that?
3. Look at this.
4. You're right; that's clear.
5. Listen to this: you're mad.
6. Why did you buy that?
7. I'm sure of this.

POSSESSIVE PRONOUNS

§132. A possessive pronoun replaces a noun and possessive adjective: instead of
mon livre (*my book*), we have **le mien** (*mine*):

Sa famille est plus gaie que **la mienne**.   *His family is more cheerful than **mine**.*

The two sentences are parallel except for the definite article, which means in turn that we have to be aware of the gender and number of the noun. We have a full set of pronouns to reflect these differences:

Voilà mon livre
Voilà **le mien**
Voilà les livres
Voilà **les miens**
Voilà ma table
Voilà **la mienne**
Voilà mes tables
Voilà **les miennes**
} *mine.*

In the same way:

le tien,	la tienne	les tiens, les tiennes	*yours*
le sien,	la sienne	les siens, les siennes	*his, hers, its*
le nôtre,	la nôtre	les nôtres	*ours*
le vôtre,	la vôtre	les vôtres	*yours*
le leur,	la leur	les leurs	*theirs*

For the seven forms in English there are twenty-one forms in French, which means that English speakers will find this set of pronouns a bit awkward to handle. Drill will help.

EXERCICE

Transformez les phrases suivantes selon le modèle.

Modèle: Voilà mon travail.
    Voilà le mien.

1. Voilà ma chaise.
2. Voilà tes amis.
3. Voilà tes fleurs.
4. Voilà sa voiture.
5. Voilà ses frères.
6. Voilà notre journal.
7. Voilà nos enfants.
8. Voilà votre famille.
9. Voilà vos idées.
10. Voilà leurs tableaux.
11. Voilà leur toile.
12. Voilà ta composition.

§133. Since the definite article is always used with these pronouns, it necessarily contracts with the prepositions **à** and **de**:

J'ai peur de mes enfants. Avez-vous peur **des vôtres**?	*I'm afraid of my children, Are you afraid of yours?*
Je pense souvent à mes sœurs. Penses-tu **aux tiennes**?	*I often think of my sisters, Do you think of yours?*
J'ai besoin de mon cahier. A-t-il besoin **du sien**?	*I need my notebook. Does he need his?*

EXERCICE

Répondez aux questions suivantes selon le modèle.

Modèle: J'ai besoin de mon livre. Et vous?
    J'ai besoin du mien.

Et lui?
Il a besoin du sien.

1. J'ai besoin de mes illusions. Et eux? Et vous?
2. Vous avez besoin de vos parents. Et moi? Et eux?
3. Il pense à ses actions. Et nous? Et elles?
4. Je l'apprendrai à mon fils. Et lui? Et vous?
5. Vous souffrez à cause de vos amies. Et moi? Et lui?
6. Je pensais à mon frère. Et elle? Et vous?
7. Je fais peur à ma mère. Et vous? Et eux?

EXERCICE DE SYNTHÈSE

Répondez affirmativement aux questions suivantes.

MODÈLE : Est-ce que ma femme est plus jolie que la vôtre?
        Oui, la vôtre est plus jolie que la mienne.

1. Est-ce que sa famille est plus morne que la vôtre?
2. Est-ce que mon offrande est plus considérable que la vôtre?
3. Est-ce que vos idées ressemblent aux leurs?
4. Est-ce que votre cœur est plus solide que le mien?
5. Est-ce que vos actions sont aussi admirables que les miennes?

§134. Matters are somewhat complicated by the fact that simple possession (*it's mine, his, yours*, etc.) is usually expressed in French with **être à** followed by a stressed pronoun or noun:

Ce livre **est**-il **à Georges**? Non, il **est**   *Is this George's book? No, it's mine.*[2]
à moi.

The common English expression *a friend of mine* and its variants require an entirely different structure in French:

A friend of mine.   **Un de mes** amis.
A painting of his.   **Un de ses** tableaux.

---

[2] The answer *Non, c'est le mien* is also possible here, but would be more emphatic and unnecessarily insistent.

EXERCICE

Traduisez en français.

1. This hat is mine.
2. She's a friend of mine.
3. Is this a painting of yours?
4. I heard a composition of yours last night.
5. These books aren't mine. They belong to Rodolphe.
6. He's an enemy of ours.
7. This car isn't theirs. It's yours.
8. Isn't this a child of ours?

Cette un d'nos enfants?

PROBLÈMES PARTICULIERS

§135. *Verbs, prepositions, and infinitives.* As a rule, the verb is connected to a dependent infinitive in one of three ways: through the prepositions **de** or **à**, or no preposition at all:

Nous **allons acheter** ce tableau.	We're **going to buy** this painting.
Nous **avons décidé d'acheter** ce tableau.	We **decided to buy** this painting.
Nous **avons cherché à acheter** ce tableau.	We **tried to buy** this painting.

The choice among these three is not predictable in terms of any general principle, unfortunately, but a few tips can be given.

First, it is worth noting that the verbs that appear most commonly in this position (**aller, devoir, pouvoir, savoir,** and **vouloir**) take the infinitive directly:

François {va / doit / peut / sait / veut} **faire** son devoir.   Frank {is going / has / is able / knows how / wants} **to do** *his homework.*

Other verbs in this category are: *aimer* (to like), *compter* (to plan), *désirer* (to desire), *espérer* (to hope), *oser* (to dare), *préférer* (to prefer), *sembler* (to seem).[3]

---

[3] Note that many of these verbs in one way or another suggest a wish.

EXERCICES

I. *Faites les substitutions indiquées dans la phrase suivante:*

Nous *allons* acheter cette maison.

Substituez: voudrions / devrions / préférons / aimerions / désirons / osons / pourrons / comptons / espérons

II. *Traduisez en français.*

1. He doesn't know how to drive.
2. We can't understand that question.
3. You have to read this letter.
4. Was she going to talk to him?
5. Wouldn't you like to go to Europe?
6. They had hoped to see us over there.
7. You shouldn't think about it.
8. We don't like to read novels.
9. I prefer to live alone.
10. Do you plan to stay there long?
11. You should go see that play.

§136. The following verbs require the preposition **à** before the infinitive:

aider		help	
s'amuser		enjoy	
apprendre		learn	
arriver		succeed	
avoir[4]		have	
chercher		seek	
commencer		begin	
consentir		consent	
continuer		continue	
encourager	à faire	encourage	to do
enseigner		teach	
s'habituer		get used	
hésiter		hesitate	
inviter		invite	
se mettre		begin	
parvenir		succeed	
réussir		succeed	
songer		think	
tarder		be slow	

---

[4] **Avoir à** with the infinitive expresses obligation or necessity, much as does the parallel expression in English: *J'ai à vous parler* (I have to talk to you).

EXERCICE

Répondez affirmativement aux questions suivantes.

MODÈLE: Commencez-vous à comprendre?
         Oui, je commence à comprendre.

1. Aidez-vous votre frère à faire son travail?
2. Vous amusez-vous à jouer au tennis?
3. Apprenez-vous à vivre?
4. Arrivez-vous à comprendre ce problème?
5. Avons-nous à supporter ces insultes?
6. Cherche-t-elle à savoir de quoi il s'agit?
7. Commence-t-on à voir l'importance de cette décision?
8. Consentez-vous à recevoir cette personne?
9. Est-ce qu'on s'habitue à souffrir?
10. Hésitez-vous à me faire ces confidences?
11. Se sont-elle mises à se plaindre?
12. A-t-il réussi à dominer ses passions?
13. Nous a-t-il invité à venir?

§137. The following verbs take **de** before the infinitive:[5]

accepter		accept	
avoir besoin		need	
avoir peur		be afraid	
cesser		cease	
craindre		fear	
décider		decide	
se dépêcher		hurry	
essayer	de faire	try	to do
finir		finish, cease	
offrir		offer	
oublier		forget	
promettre		promise	
refuser		refuse	
regretter		regret	
remercier		thank	
tenter		try	

---

[5] When a verb is followed by a noun introducing the infinitive, **de** is almost invariably the preposition: *Il avait le temps de parler* (He had time to talk); *Il cherche l'occasion de vous voir* (He's looking for a chance to see you); etc.

EXERCICE

Répondez négativement aux questions suivantes.

MODÈLE: Avez-vous oublié de vivre?
     Non, je n'ai pas oublié de vivre.

1. A-t-il accepté de venir nous voir?
2. Avez-vous besoin de me tourmenter?
3. Avez-vous peur de mourir?
4. Allez-vous cesser de parler?
5. Craignez-vous de perdre votre argent?
6. Avez-vous décidé de recommencer à vivre?
7. S'est-il dépêché de finir ce chapitre?
8. Devrait-on essayer de tout savoir?
9. Avez-vous oublié de me téléphoner?
10. A-t-il promis de nous laisser la paix?
11. Est-ce qu'elle refuse de reprendre son travail?
12. Regrettez-vous d'être né?
13. Vous a-t-il remercié d'être venu?

EXERCICES DE SYNTHÈSE

I. *Mettez les verbes dans la phrase suivante en utilisant la préposition convenable.*

Marie *a décidé de* venir nous parler.

Substituez: veut / a besoin / s'habitue / a oublié / a promis / songe / a consenti / refuse / ne peut pas / accepte / hésite / préfère / tarde / cesse / devrait

II. *Continuez cet exercice avec la phrase suivante:*

Je *vais* travailler davantage.

Substituez: nous devrions / elles refusent / nous hésitions / on va se mettre / ils ont essayé / on m'a encouragé / vous vous amusez / on s'habitue / je n'aurais jamais consenti / elle ne peut pas / ils ont besoin / tu aurais dû / je n'ai pas voulu

§138. *Special prepositional problems.* Many verbs take prepositions in French while the corresponding English construction has a direct object:

Nous jouons **au** bridge.   *We play bridge. (games)*
Nous jouons **du** piano.   *We play the piano. (musical instruments)*

Il obéit **à** son patron.	*He obeys his boss.*
Elle a pardonné **à** son fils.	*She forgave her son.*
Il permet **aux** étudiants de s'amuser.	*He allows the students to have fun.*
Il s'approche **de** la maison.	*He approaches the house.*
Nous entrons **dans** la chambre.	*We're entering the room.*

It also happens, of course, that some verbs that take direct objects in French take prepositions in English:[6]

J'**écoute** son discours.	*I **listen to** his speech.*
Il **attend** sa mère.	*He's **waiting for** his mother.*
Il **cherche** la solution.	*He's **looking for** the solution.*
Nous **avons demandé** une réponse.	*We **asked for** an answer.*
Je **regardais** les tableaux.	*I **was looking at** the paintings.*
Je **payerai** le repas.	*I'**ll pay for** the meal.*

Sometimes the preposition in French is different from the one used in English:

Il va l'**acheter à** mon père.	*He's going to **buy** it **from** my father.[7]*
Elle **ressemble** beaucoup à son oncle.	*She **looks** a lot **like** her uncle.*
Nous **avons rempli** le sac de champignons.	*We **filled** the sack **with** mushrooms.*
Elle nous **a suivis des** yeux.	*She **followed** us **with** her eyes.*
Nous l'**avons remercié du** cadeau.	*We **thanked** him **for** the gift.*

EXERCICE

Traduisez en français.

1. I was looking for the queen.
2. Did you ask for the book?
3. Why are you waiting for the bus?
4. I don't know how to play bridge.
5. They say I look like my father.
6. Would you permit your children to do that?
7. He filled his pockets with counterfeit coins.
8. You didn't thank me for the flowers.
9. I wasn't looking for anything.
10. Someone was listening to our conversation.

---

[6] The preposition in English must always be considered in finding the French verb: to go *in*, **entrer**; to go *out*, **sortir**; to look *at*, **regarder**; to look *for*, **chercher**; etc.

[7] So also the verbs **emprunter, voler, arracher, prendre**. See §11.

THÈME

Yes, we have all sorts of merchandise. Look at these watches. Very beautiful, aren't they? Do you like this one?   —No, I prefer that one.   —Good, I'll wrap it for you. I believe that you are also looking for a tape recorder? The ones you were speaking of are hard to find, but these are just as good as the others.   —I'm sorry. I don't like these. I'll ask my cousin to sell me his. He said that he wanted to get rid of it.   —Wait a little. I believe there are some others upstairs.   —I can't wait. I have a date with a young lady, the one we were talking about earlier.   —I understand. Come back next week.   —Of course.

XIII

Denis Diderot

Le Coucou
et le rossignol

Il s'agissait entre Grimm et M. Le Roy du génie qui crée et de la méthode qui ordonne.[1] Grimm déteste la méthode; c'est, selon lui, la pédanterie des lettres. Ceux qui ne savent qu'arranger feraient aussi bien de rester en repos; ceux qui ne peuvent être instruits que par des choses arrangées feraient tout aussi bien de rester ignorants.
—Mais c'est la méthode qui fait valoir.[2]
—Et qui gâte.
—Sans elle on ne profiterait de rien.
—Qu'en[3] se fatiguent, et cela n'en serait que mieux.[4] Où est la nécessité que tant de gens sachent autre chose que leur métier?
Ils dirent beaucoup de choses que je ne vous rapporte pas, et ils en diraient

DENIS DIDEROT (1713–1784), avec Montesquieu, Voltaire et Rousseau, est au premier rang des écrivains français du XVIIIe siècle, et l'un des représentants les plus accomplis de l'âge des lumières. Directeur et principal animateur de *L'Encyclopédie*, qui fut son principal titre de gloire auprès de ses contemporains, il écrivit de nombreuses œuvres romanesques qu'il ne chercha pas à publier de son vivant et qui lui assurent aujourd'hui sa célébrité: *La Religieuse*, *Le Neveu de Rameau* et *Jacques le fataliste*.

[1] **Il s'agissait . . . ordonne:** Grimm and M. Le Roy were discussing creative genius and systematic method. (Frédéric-Melchior Grimm [1723–1807] was a German critic and writer well-known in the French *salons* of the time.)
[2] **qui fait valoir:** which brings out the value (of a work).
[3] **Qu'en:** Except by.
[4] **cela . . . que mieux:** that would be all the better.

encore,[5] si l'abbé Galiani[6] ne les eût interrompus comme ceci:

—Mes amis, je me rappelle une fable; écoutez-la. Elle sera peut-être un peu longue, mais elle ne vous ennuiera pas.

«Un jour, au fond d'une forêt, il s'éleva une contestation sur le chant entre le
5   rossignol et le coucou. Chacun prise son talent.

—Quel oiseau, disait le coucou, a le chant aussi facile, aussi simple, aussi naturel et aussi mesuré que moi?

—Quel oiseau, disait le rossignol, l'a[7] plus doux, plus varié, plus éclatant, plus léger, plus touchant que moi?

10 Le coucou: —Je dis peu de choses, mais elles ont du poids, de l'ordre, et on les retient.

Le rossignol: —J'aime à parler; mais je suis toujours nouveau, et je ne fatigue jamais. J'enchante les forêts; le coucou les attriste. Il est tellement attaché à la leçon de sa mère, qu'il n'oserait hasarder un ton qu'il n'a point pris d'elle. Moi,
15 je ne reconnais point de maître. Je me joue des règles.[8] C'est surtout lorsque je les enfreins qu'on m'admire. Quelle comparaison de sa fastidieuse méthode avec mes heureux écarts![9]

Le coucou essaya plusieurs fois d'interrompre le rossignol. Mais les rossignols chantent toujours et n'écoutent point; c'est un peu[10] leur défaut. Le nôtre,
20 entraîné par ses idées, les suivait avec rapidité, sans se soucier des réponses de son rival.

Cependant, après quelques dits et contredits, ils convinrent de s'en rapporter au jugement d'un tiers animal.

Mais où trouver ce tiers également instruit et impartial qui les jugera? Ce
25 n'est pas sans peine qu'on trouve un bon juge. Ils vont en cherchant un partout.

Ils traversaient une prairie, lorsqu'ils y aperçurent un âne des plus graves et des plus solennels. Depuis la création de l'espèce, aucun n'avait porté d'aussi longues oreilles.

—Ah, dit le coucou, en les voyant, nous sommes trop heureux; notre
30 querelle est une affaire d'oreilles; voilà notre juge; Dieu le fit pour nous tout exprès.

L'âne broutait.[11] Il n'imaginait guère qu'un jour il jugerait de musique. Mais

---

[5] **ils en diraient encore:** they would still be discussing the matter.

[6] **l'abbé Galiani:** Ferdinando (1728–1787), Italian writer and economist.

[7] **l'a:** i.e., *a le chant.*

[8] **Je me joue des règles:** I pay no attention to the rules.

[9] **Quelle comparaison . . . écarts:** How can you compare his tedious method with my inspired deviations?

[10] **un peu:** to a degree.

[11] **broutait:** was grazing.

la Providence s'amuse à beaucoup d'autres choses. Nos deux oiseaux s'abattent devant lui, le complimentent sur sa gravité et sur son jugement, lui exposent le sujet de leur dispute, et le supplient très humblement de les entendre et de décider.

Mais l'âne, détournant à peine sa lourde tête et n'en perdant pas un coup de[5] dent,[12] leur fait signe de ses oreilles qu'il a faim, et qu'il ne tient pas aujourd'hui son lit de justice.[13] Les oiseaux insistent; l'âne continue à brouter. En broutant, son appétit s'apaise. Il y avait quelques arbres plantés sur la lisière du pré.

—Hé bien, leur dit-il, allez-là: je m'y rendrai; vous chanterez, je digérerai, je vous écouterai, et puis je vous en dirai mon avis.[10]

Les oiseaux vont à tire-d'aile[14] et se perchent; l'âne les suit de l'air et du pas d'un président à mortier[15] qui traverse les salles du palais; il arrive, il s'étend à terre et dit:

—Commencez, la cour vous écoute.

C'est lui qui était toute la cour.[15]

Le coucou dit: —Monseigneur, il n'y a pas un mot à perdre de mes raisons: saisissez bien le caractère de mon chant, et surtout daignez en observer l'artifice et la méthode.

Puis, se rengorgeant et battant à chaque fois des ailes, il chanta:

—Coucou, coucou, coucoucou, coucoucou, coucou, coucoucou.[20]

Et après avoir combiné cela de toutes les manières possibles, il se tut.

Et le rossignol, sans préambule, déploie sa voix, s'élance dans les modulations les plus hardies, suit les chants les plus neufs et les plus recherchés; ce sont des cadences ou tenues à perte d'haleine;[16] tantôt on entendait les sons descendre et murmurer au fond de sa gorge comme l'onde du ruisseau qui se perd sourdement[25] entre des cailloux, tantôt on les entendait s'élever, se renfler peu à peu, remplir l'étendue des airs et y demeurer comme suspendus. Il était successivement doux, léger, brillant, pathétique, et quelque caractère qu'il prît,[17] il peignait; mais son chant n'était pas fait pour tout le monde.

Emporté par son enthousiasme, il chanterait encore,[18] mais l'âne, qui avait[30] déjà bâillé plusieurs fois, l'arrêta et lui dit:

—Je me doute[19] que tout ce que vous avez chanté là est fort beau, mais je n'y

---

12 **coup de dent:** bite.
13 **lit de justice:** royal court.
14 **à tire-d'aile:** speedily.
15 **président à mortier:** chief magistrate (wearing a mortarboard).
16 **ce sont . . . haleine:** he sang cadenzas or sustained tones until he ran out of breath.
17 **quelque caractère qu'il prît:** no matter what mood he assumed.
18 **il chanterait encore:** he would still be singing.
19 **Je me doute:** I suppose.

entends rien;[20] cela me paraît bizarre, brouillé, décousu. Vous êtes peut-être plus savant que votre rival, mais il est plus méthodique que vous, et je suis, moi, pour la méthode.»

Et l'abbé, s'adressant à M. Le Roy et montrant Grimm du doigt:

5 —Voilà, dit-il, le rossignol, et vous êtes le coucou, et moi je suis l'âne qui vous donne gain de cause.[21] Bonsoir.

QUESTIONS

1. Pourquoi Grimm déteste-t-il la méthode?
2. Lequel des deux oiseaux représente le point de vue de Grimm?
3. Pourquoi le fait de dire peu de choses comme le coucou a-t-il ses avantages?
4. Quel est le défaut des rossignols?
5. Pourquoi l'âne ne veut-il pas d'abord être arbitre de la querelle?
6. En quoi le chant du coucou est-il méthodique?
7. Pourquoi le rossignol ne fait-il pas de discours avant de chanter?
8. Pourquoi l'âne bâille-t-il autant?
9. Quel est le seul défaut du chant du rossignol?
10. A qui l'âne donne-t-il raison?

QUESTIONS FACULTATIVES

1. Par le simple fait de choisir un coucou et un rossignol comme champions des deux causes, l'abbé Galiani n'indique-t-il pas ses préférences?
2. Où est le comique d'avoir choisi un âne pour juge?
3. Relevez les exemples où l'auteur assimile l'âne à un magistrat.
4. En quoi le discours du coucou avant de chanter est-il comique?
5. Expliquez le contraste dans la façon dont est décrit le chant des deux oiseaux.

---

[20] **je n'y entends rien:** I don't understand a bit of it.
[21] **qui . . . de cause:** who decides that you are the winner.

INDEFINITE PRONOUNS AND ADJECTIVES

§139. Indefinite pronouns and adjectives are words that neither determine nor define the nouns they refer to, words signifying such notions as *any, all, each, some, several,* etc. In French these words are used in ways that are occasionally out of parallel with the equivalent English uses.

Sometimes the adjectives and pronouns have the same form:

Nous avons vu **plusieurs** oiseaux.	We saw **several** birds. (adj.)
Nous **en** avons vu **plusieurs**.	We saw **several**. (pron.)
Son chant n'exprimait **aucune** émotion.	His song expressed **no** emotion **at all**. (adj.)
Son chant n'**en** exprimait **aucune**.	His song expressed **none at all**. (pron.)
Avez-vous d'**autres** projets ?	Have you **any other** plans ? (adj.)
En avez-vous d'**autres** ?	Have you **any others** ? (pron.)

Sometimes the adjectives and pronouns are different in form:

Chaque oiseau prise son talent.	**Each** bird values his talent. (adj.)
Chacun prise son talent.	**Each one** values his talent. (pron.)
Il va apporter **quelques** lettres.	He's going to bring **a few** letters. (adj.)
Il va **en** apporter **quelques-unes**.	He's going to bring **a few**. (pron.)

Note that with many of these words the pronoun **en** occurs if the indefinite pronoun is in the object position.[1]

EXERCICE

Remplacez l'adjectif indéfini par le pronom indéfini.

MODÈLE : Il nous a envoyé plusieurs livres.
   Il nous en a envoyé plusieurs.

1. Vous avez perdu quelques occasions.
2. Il n'avait aucune opinion.
3. Il ne me reste aucun espoir.
4. Avez-vous d'autres confidences à me faire ?

---

[1] **En** is not used with **chacun** in the object position: *J'ai examiné* **chacune d'entre elles** (I examined each of them); *Je les ai regardés* **chacun à son tour** (I looked at each one of them in turn).

5. Nous avons entendu d'autres interprétations.
6. Il ont lu plusieurs journaux.
7. Chaque tableau était à sa place.
8. Nous avons écouté quelques disques.
9. Chaque phrase doit être transformée.
10. Il n'a écrit aucun roman.

§140. The indefinite pronouns are sometimes used with the nous *noun* they refer to:

Quelques-uns de mes amis sont arrivés.   *A few of my friends arrived.*

Aucune de ces personnes n'a compris le problème.   *Not one of these persons understood the problem.*

Chacun de ces hommes est innocent.   *Each of these men is innocent.*

When the stressed pronoun is substituted in these constructions, it usually occurs after **entre** (although **de** is sufficient after **chacun[e]**).

Quelques-uns d'entre eux sont arrivés.   *A few of them arrived.*

Aucune d'entre elles n'a compris le problème.   *Not one of them understood the problem.*

Chacun d'eux est innocent.   *Each of them is innocent.*

EXERCICE

Transformez les phrases suivantes selon le modèle.

MODÈLE: Quelques étudiantes sont restées.
           Quelques-unes des étudiantes sont restées.
           Quelques-unes d'entre elles sont restées.
              among them

1. Nous avons vu quelques mendiants.
2. Vous avez étudié chaque opinion.
3. Je m'intéresse à plusieurs tableaux.
4. Chaque lettre a été examinée.
5. Aucun agent ne me connaît.
6. Quelques phrases m'ont frappé.

§141. **On, personne,** and **rien** are indefinite pronouns that have no corresponding adjectival form. **Personne** and **rien** may be used as either subject or object of the verb. Neither is ever used with **pas,** but **ne** must always be used:

Je **ne** vois **personne; personne ne**   *I see **no one; no one** sees me.*
me voit.

Il **n'**achète **rien; rien ne** lui plaît.   *He doesn't buy **anything; nothing** appeals to him.*

However, other negatives may be used in combination with these words:

Personne n'a **jamais plus rien** en-   *Nobody **ever** heard **anything more** about this affair.*
tendu dire de cette histoire.

Note that *anything* can be rendered into French in three different ways:

*Did you see **anything**?*   Avez-vous vu **quelque chose**? *(affirmative)*

*I didn't see **anything**.*   Je n'ai **rien** vu. *(negative)*

*You can do **anything**.*   Vous pouvez faire **n'importe quoi**. *(anything at all, no matter what)*

Anyone follows the same pattern:

*Did you see **anyone**?*   Avez-vous vu **quelqu'un**? *(affirmative)*

*I didn't see **anyone**.*   Je n'ai vu **personne**. *(negative)*

*You can talk to **anyone**.*   Vous pouvez parler à **n'importe qui**. *(anyone at all, no matter whom)*

Note the different positions of **rien** and **personne** when they are used with compound verbs and dependent infinitives:

Nous **n'**avons **rien** vu.   *We **didn't see anything**.*
Nous **n'**avons vu **personne**.   *We **didn't see anyone**.*
Je **ne** vais **rien** regarder.   *I'm **not going to look at anything**.*
Je **ne** vais regarder **personne**.   *I'm **not going to look at anyone**.*

On can only be used as a subject pronoun, so that if we wished to say, for example, "Nobody sees one," we would have to resort to the object pronoun **vous**: *Personne ne vous voit.* We could, of course, simply rephrase the sentence: *On n'est vu de personne.*

On is very widely used in French, much more so than the formally equivalent English indefinite *one*. Note that *you* and *they* are often used as indefinites in English: "You never know," *On ne sait jamais;* "They make lots of cheese in Wisconsin," *On fait beaucoup de fromage dans le Wisconsin.* The contrary situation often occurs in French; that is, the indefinite **on** may be used, colloquially, to refer to definite persons:

*When are **we** leaving?*   Quand est-ce qu'**on** s'en va?

This use of **on** should be restricted to conversation.

EXERCICES

I. Répondez aux questions suivantes selon les modèles.

MODÈLES: Avez-vous acheté quelque chose?
Non, je n'ai rien acheté.
Avez-vous trouvé quelqu'un?
Non, je n'ai trouvé personne.

1. Avez-vous dit quelque chose?
2. Avez-vous insulté quelqu'un?
3. Allez-vous chercher quelque chose?
4. Allez-vous épouser quelqu'un?
5. Pouvez-vous voir quelqu'un?
6. Voulez-vous faire quelque chose?
7. Aviez-vous vu quelqu'un?
8. Est-ce que quelque chose vous ennuie?
9. Est-ce que quelqu'un vous ennuie?

II. Traduisez en français en employant le pronom indéfini.

1. Nobody wants to do that.
2. They say that nothing is happening.
3. How do you say that in French?
4. People don't like to talk about politics.
5. We haven't seen anything.
6. Somebody wants to talk to you.
7. Bring me a few of those books.
8. He didn't have any others.
9. They were making too much noise across the street.
10. I've read several of them.

§142. Tout, toute, tous, toutes, *used as adjectives.* **Tout** and its various forms occur in combination with determinative adjectives:

Tout ce livre.	*This **whole** book.*
Toute ma vie.	*All my life.*
Toute la journée.	*All day **long**.*
Tous les hommes.	*All men.*
Toutes ces idées.	*All these ideas.*
Tous mes amis.	*All my friends.*

Note that this structure tends to conflict with the corresponding English expression, in which the preposition *of* frequently occurs:

Toutes les machines.　　　　　*All* (*of*) *the machines.*
Tous mes espoirs.　　　　　　*All* (*of*) *my hopes.*

Tout and **toute** are occasionally used alone, but in such cases they are almost always equivalent to the plural used with a determinative:

Tout effort est inutile = **Tous les efforts** sont inutiles.
Tout homme est mortel = **Tous les hommes** sont mortels.

EXERCICES

I. *Faites les substitutions indiquées dans la phrase suivante:*

Nous avons regardé tous *les documents.*

Substituez: les livres / les tableaux / les monuments / les jeunes filles / les maisons / les fleurs / les enfants / les photos / les exemples / les voitures

II. *Traduisez en français.*

1. I saw the whole film.
2. We know the whole family.
3. All my friends were there.
4. All these houses are expensive.
5. Do you have all your books?

§143. *Tous and* **toutes** *as pronouns.* **Tous** (the *s* is pronounced) and **toutes** can be used as subject pronouns equivalent to English *they all* or *all of them*:

Tous se croient généreux.　　　　*They all* think themselves generous.
Tous connaissent bientôt cette charte.　*All of them* soon know that charter.

But *all of us* and *all of you* require a different sentence pattern:

Vous savez **tous** ce que c'est.　　　*All of you* know what this is.
Nous sommes **toutes** arrivées à l'heure.　*All of us* arrived on time.

This same pattern, incidentally, can also be used for the third person plural:

Ils se croient **tous** généreux = **Tous** se croient généreux.

EXERCICE

Transformez les phrases suivantes selon les modèles.

MODÈLES: Vous êtes venus.
           Vous êtes tous venus.
           Elles sont venues.
           Elles sont toutes venues.

1. Nous sommes restés à la maison.
2. Vous vous êtes habitués au bruit.
3. Ils attendent le sommeil.
4. Elles sont entrées en fureur.
5. Les jeunes filles sont parties.
6. Nous exigeons le silence.
7. Elles sont mortes de chagrin.
8. Ils viendront plus tard.
9. Nous sommes immobiles.

§144. **Tous** and **toutes** can also be used as object pronouns:

Connaissez-vous **toutes les règles**? Oui, je **les** connais **toutes**.	*Do you know **all the rules**? Yes, I know **them all**.*
Avez-vous résolu **tous les problèmes**? Oui, je **les** ai **tous** résolus.	*Have you solved **all the problems**? Yes, I've solved **them all**.*
Est-ce que vous **nous** avez vus? Oui, je **vous** ai **tous** vus.	*Did you see us? Yes, I saw **you all** (**all of you**).*

EXERCICE

Répondez aux questions suivantes selon le modèle.

MODÈLE: Avez-vous vu vos amis?
         Oui, je les ai tous vus.

1. Avez-vous lu ces livres?
2. Respectez-vous les religions?
3. Est-ce que vous nous détestez?
4. Avez-vous regardé les photos?
5. Ont-ils exercé leurs droits?
6. Avons-nous fermé les portes?
7. Cherchez-vous vos semblables?
8. Aimez-vous tous les hommes?

§145. With indirect objects the pattern is slightly different:

Avez-vous parlé **à tous les étudiants** ? Oui, je **leur** ai parlé **à tous**.	*Did you talk **to all the students**? Yes, I talked **to all of them**.*
Avez-vous fait peur **à toutes les mamans** ? Oui, je **leur** ai fait peur **à toutes**.	*Did you frighten **all the mothers**? Yes, I frightened **them all**.*

EXERCICE

Traduisez en français.

1. They all know the answer.
2. You looked at all of them.
3. The women all went to bed.
4. We are all going to sing later on.
5. She talked to all of them.
6. We all think ourselves generous.
7. They all looked at me.

§146. The pronoun **tout** corresponds rather nicely with English *everything:*

Tout est perdu.	***Everything** is lost.*
Vous savez **tout**.	*You know **everything**.*

But notice the following differences in word order:

Nous avons **tout** compris.	*We understood **everything**.*
On ne peut **tout** avoir.	*You can't have **everything**.*

And particularly its use before a relative clause:

Tout ce que nous avons fait.	***Everything** (**that**) we have done.*
Tout ce qui m'ennuie.	***Everything that** bothers me.*

EXERCICE

Traduisez en français.

1. You can't do everything.
2. We haven't given everything we have.
3. I heard everything.

4. Everything that interests me is forbidden.
5. I like everything you like.
6. Everything in this book is interesting, isn't it?

THÈME

We are all members of the human race. Each of us has his own life. Each day we choose among several possibilities. Some of them offer almost nothing unknown or ambiguous. Others will have consequences that no one can predict. One must act without knowing where one is going. If only we could find someone intelligent enough to tell us everything we need to know.

Appendix

AUXILIARY VERBS

INFINITIVE

avoir   **être**

PRESENT PARTICIPLE

ayant   étant

PAST PARTICIPLE

eu   été

PRESENT INDICATIVE

j'ai	nous avons	je suis	nous sommes
tu as	vous avez	tu es	vous êtes
il a	ils ont	il est	ils sont

IMPERFECT

j'avais	nous avions	j'étais	nous étions
tu avais	vous aviez	tu étais	vous étiez
il avait	ils avaient	il était	ils étaient

SIMPLE PAST

j'eus	nous eûmes	je fus	nous fûmes
tu eus	vous eûtes	tu fus	vous fûtes
il eut	ils eurent	il fut	ils furent

FUTURE

j'aurai	nous aurons	je serai	nous serons
tu auras	vous aurez	tu seras	vous serez
il aura	ils auront	il sera	ils seront

CONDITIONAL

j'aurais	nous aurions		je serais	nous serions
tu aurais	vous auriez		tu serais	vous seriez
il aurait	ils auraient		il serait	ils seraient

IMPERATIVE

	ayons			soyons
aie	ayez		sois	soyez

PRESENT SUBJUNCTIVE

j'aie	nous ayons		je sois	nous soyons
tu aies	vous ayez		tu sois	vous soyez
il ait	ils aient		il soit	ils soient

IMPERFECT SUBJUNCTIVE

j'eusse	nous eussions		je fusse	nous fussions
tu eusses	vous eussiez		tu fusses	vous fussiez
il eût	ils eussent		il fût	ils fussent

COMPOUND TENSES

PERFECT INFINITIVE

avoir eu   avoir été

PERFECT PARTICIPLE

ayant eu   ayant été

COMPOUND PAST

j'ai eu   j'ai été

PLUPERFECT

j'avais eu   j'avais été

PAST ANTERIOR

j'eus eu   j'eus été

FUTURE PERFECT

j'aurai eu   j'aurai été

CONDITIONAL PERFECT

j'aurais eu   j'aurais été

PERFECT SUBJUNCTIVE

j'aie eu   j'aie été

PLUPERFECT SUBJUNCTIVE

j'eusse eu   j'eusse été

REGULAR VERBS

INFINITIVE

donner   **finir**   **vendre**

PRESENT PARTICIPLE

donnant   finissant   vendant

PAST PARTICIPLE

donné   fini   vendu

PRESENT INDICATIVE

je donne	je finis	je vends
tu donnes	tu finis	tu vends
il donne	il finit	il vend
nous donnons	nous finissons	nous vendons
vous donnez	vous finissez	vous vendez
ils donnent	ils finissent	ils vendent

IMPERFECT

je donnais	je finissais	je vendais
tu donnais	tu finissais	tu vendais
il donnait	il finissait	il vendait
nous donnions	nous finissions	nous vendions
vous donniez	vous finissiez	vous vendiez
ils donnaient	ils finissaient	ils vendaient

SIMPLE PAST

je donnai	je finis	je vendis
tu donnas	tu finis	tu vendis
il donna	il finit	il vendit
nous donnâmes	nous finîmes	nous vendîmes
vous donnâtes	vous finîtes	vous vendîtes
ils donnèrent	ils finirent	ils vendirent

FUTURE

je donnerai	je finirai	je vendrai
tu donneras	tu finiras	tu vendras
il donnera	il finira	il vendra
nous donnerons	nous finirons	nous vendrons
vous donnerez	vous finirez	vous vendrez
ils donneront	ils finiront	ils vendront

CONDITIONAL

je donnerais	je finirais	je vendrais
tu donnerais	tu finirais	tu vendrais
il donnerait	il finirait	il vendrait
nous donnerions	nous finirions	nous vendrions
vous donneriez	vous finiriez	vous vendriez
ils donneraient	ils finiraient	ils vendraient

IMPERATIVE

donne	finis	vends
donnons	finissons	vendons
donnez	finissez	vendez

PRESENT SUBJUNCTIVE

je donne	je finisse	je vende
tu donnes	tu finisses	tu vendes
il donne	il finisse	il vende
nous donnions	nous finissions	nous vendions
vous donniez	vous finissiez	vous vendiez
ils donnent	ils finissent	ils vendent

IMPERFECT SUBJUNCTIVE

je donnasse	je finisse	je vendisse
tu donnasses	tu finisses	tu vendisses
il donnât	il finît	il vendît
nous donnassions	nous finissions	nous vendissions
vous donnassiez	vous finissiez	vous vendissiez
ils donnassent	ils finissent	ils vendissent

COMPOUND TENSES

PERFECT INFINITIVE

avoir donné	avoir fini	avoir vendu

PERFECT PARTICIPLE

ayant donné	ayant fini	ayant vendu

COMPOUND PAST

j'ai donné	j'ai fini	j'ai vendu

PLUPERFECT

j'avais donné	j'avais fini	j'avais vendu

PAST ANTERIOR

j'eus donné	j'eus fini	j'eus vendu

FUTURE PERFECT

j'aurai donné	j'aurai fini	j'aurai vendu

CONDITIONAL PERFECT

j'aurais donné	j'aurais fini	j'aurais vendu

PERFECT SUBJUNCTIVE

j'aie donné	j'aie fini	j'aie vendu

PLUPERFECT SUBJUNCTIVE

j'eusse donné   j'eusse fini   j'eusse vendu

Example of a verb conjugated with **être** in the compound tenses:

Perfect infinitive	être allé
Perfect participle	étant allé
Compound past	je suis allé
Pluperfect	j'étais allé
Past anterior	je fus allé
Future perfect	je serai allé
Conditional perfect	je serais allé
Perfect subjunctive	je sois allé
Pluperfect subjunctive	je fusse allé

IRREGULAR VERBS

The numbers refer to the order of the paradigms on the following pages.

abattre, 3
admettre, 23
aller, 1
apercevoir, 32
appartenir, 37
apprendre, 31
avoir, 2
battre, 3
boire, 4
comprendre, 31
concevoir, 32
conduire, 5
connaître, 6
construire, 5
contenir, 37
courir, 7
craindre, 8
croire, 9
cueillir, 10
découvrir, 27
décrire, 14
démettre, 23
déplaire, 28
détruire, 5
devenir, 40
devoir, 11
dire, 12
dormir, 13
écrire, 14
émouvoir, 25
endormir, 13

enfreindre, 8
envoyer, 15
s'éprendre, 31
éteindre, 8
être, 16
faire, 17
falloir, 18
fuir, 19
gésir, 20
haïr, 12
interdire, 12
introduire, 5
joindre, 8
lire, 22
mentir, 13
mettre, 23
mourir, 24
mouvoir, 25
naître, 26
obtenir, 37
offrir, 27
omettre, 23
ouvrir, 27
paraître, 6
partir, 13
peindre, 8
permettre, 23
plaindre, 8
plaire, 28
pleuvoir, 29
pouvoir, 30

prendre, 31
prévenir, 40
prévoir, 42
promettre, 23
recevoir, 32
reconnaître, 6
remettre, 23
renvoyer, 15
retenir, 37
revenir, 40
revoir, 42
rire, 33
savoir, 34
sentir, 13
servir, 13
sortir, 13
souffrir, 27
sourire, 33
soutenir, 37
se souvenir de, 40
suffire, 35
suivre, 36
se taire, 28
tenir, 37
traduire, 5
vaincre, 38
valoir, 39
venir, 40
vivre, 41
voir, 42
vouloir, 43

1. **aller**, *to go*

Inf aller; *Fut* irai; *Cond* irais
Pres part allant; *Impf* allais; *Pres subj* aille, ailles, aille, allions, alliez, aillent
Past part allé; *Compound past* je suis allé
Pres ind vais, vas, va, allons, allez, vont
Simple past allai; *Impf subj* allasse

Similarly: **s'en aller**, *to go away*

2. **avoir**, *to have:* see Auxiliary verbs, p. 191.

3. **battre**, *to beat*

Inf battre; *Fut* battrai; *Cond* battrais
Pres part battant; *Impf* battais; *Pres subj* batte, battes, batte, battions, battiez, battent
Past part battu; *Compound past* j'ai battu
Pres ind bats, bats, bat, battons, battez, battent
Simple past battis; *Impf subj* battisse

Similarly: **se battre**, *to fight;* **s'abattre**, *to alight*

4. **boire**, *to drink*

Inf boire; *Fut* boirai; *Cond* boirais
Pres part buvant; *Impf* buvais; *Pres subj* boive, boives, boive, buvions, buviez, boivent
Past part bu; *Compound past* j'ai bu
Pres ind bois, bois, boit, buvons, buvez, boivent
Simple past bus; *Impf subj* busse

5. **conduire**, *to conduct, to drive (a car)*

Inf conduire; *Fut* conduirai; *Cond* conduirais
Pres part conduisant; *Impf* conduisais; *Pres subj* conduise, conduises, conduise, conduisions, conduisiez, conduisent
Past part conduit; *Compound past* j'ai conduit
Pres ind conduis, conduis, conduit, conduisons, conduisez, conduisent
Simple past conduisis; *Impf subj* conduisisse

Similarly: **construire**, *to construct;* **détruire**, *to destroy;* **introduire**, *to introduce;* **traduire**, *to translate*

6. **connaître**, *to know, to be acquainted with*

Inf connaître; *Fut* connaîtrai; *Cond* connaîtrais
Pres part connaissant; *Impf* connaissais; *Pres subj* connaisse, connaisses, connaisse, connaissions, connaissiez, connaissent
Past part connu; *Compound past* j'ai connu
Pres ind connais, connais, connaît, connaissons, connaissez, connaissent
Simple past connus; *Impf subj* connusse

Similarly: **paraître**, *to seem:* **reconnaître**, *to recognize*

7. **courir**, *to run*

Inf courir; *Fut* courrai; *Cond* courrais
Pres part courant; *Impf* courais; *Pres subj* coure, coures, coure, courions, couriez, courent
Past part couru; *Compound past* j'ai couru
Pres ind cours, cours, court, courons, courez, courent
Simple past courus; *Impf subj* courusse

8. **craindre**, *to fear*

Inf craindre; *Fut* craindrai; *Cond* craindrais
Pres part craignant; *Impf* craignais; *Pres subj* craigne, craignes, craigne, craignions, craigniez, craignent
Past part craint; *Compound past* j'ai craint
Pres ind crains, crains, craint, craignons, craignez, craignent
Simple past craignis; *Impf subj* craignisse

Similarly: **enfreindre**, *to break, to infringe;* **éteindre**, *to extinguish;* **joindre**, *to join;* **peindre**, *to paint;* **plaindre**, *to pity;* **se plaindre**, *to complain*

9. **croire**, *to believe*

Inf croire; *Fut* croirai; *Cond* croirais
Pres part croyant; *Impf* croyais; *Pres subj* croie, croies, croie, croyions, croyiez, croient
Past part cru; *Compound past* j'ai cru
Pres ind crois, crois, croit, croyons, croyez, croient
Simple past crus; *Impf subj* crusse

10. **cueillir**, *to gather, to pick*

Inf cueillir; *Fut* cueillerai; *Cond* cueillerais
Pres part cueillant; *Impf* cueillais; *Pres subj* cueille, cueilles, cueille, cueillions, cueilliez, cueillent
Past part cueilli; *Compound past* j'ai cueilli
Pres ind cueille, cueilles, cueille, cueillons, cueillez, cueillent
Simple past cueillis; *Impf subj* cueillisse

11. **devoir**, *to owe, must*

Inf devoir; *Fut* devrai; *Cond* devrais
Pres part devant; *Impf* devais; *Pres subj* doive, doives, doive, devions, deviez, doivent
Past part dû (*fem.* due); *Compound past* j'ai dû
Past ind dois, dois, doit, devons, devez, doivent
Simple past dus; *Impf subj* dusse

12. **dire**, *to say, to tell*

Inf dire; *Fut* dirai; *Cond* dirais
Pres part disant; *Impf* disais; *Pres subj* dise, dises, dise, disions, disiez, disent
Past part dit; *Compound past* j'ai dit
Pres ind dis, dis, dit, disons, dites, disent
Simple past dis; *Impf subj* disse

Similarly: **interdire**, *to forbid* (except: **vous interdisez**)

13. **dormir**, *to sleep*

Inf dormir; *Fut* dormirai; *Cond* dormirais
Pres part dormant; *Impf* dormais; *Pres subj* dorme, dormes, dorme, dormions, dormiez, dorment
Past part dormi; *Compound past* j'ai dormi
Pres ind dors, dors, dort, dormons, dormez, dorment
Simple past dormis; *Impf subj* dormisse

Similarly: **endormir**, *to put to sleep;* **s'endormir**, *to go to sleep;* **mentir**, *to lie;* **partir**, *to leave* (auxiliary **être**); **sentir**, *to feel;* **se sentir**, *to feel;* **sortir**, *to go out* (auxiliary **être**); **servir**, *to serve;* **se servir de**, *to use*

14. **écrire**, *to write*

Inf écrire;   *Fut* écrirai;   *Cond* écrirais
Pres part écrivant;   *Impf* écrivais;   *Pres subj* écrive, écrives, écrive, écrivions, écriviez,
    écrivent
Past part écrit;   *Compound past* j'ai écrit
Pres ind écris, écrit, écrit, écrivons, écrivez, écrivent
Simple past écrivis;   *Impf subj* écrivisse

Similarly: **décrire**, *to describe*

15. **envoyer**, *to send*

Inf envoyer;   *Fut* enverrai;   *Cond* enverrais
Pres past envoyant;   *Impf* envoyais;   *Pres subj* envoie, envoies, envoie, envoyions, envoyiez,
    envoient
Past part envoyé;   *Compound past* j'ai envoyé
Pres ind envoie, envoies, envoie, envoyons, envoyez, envoient
Simple past envoyai;   *Impf subj* envoyasse

Similarly: **renvoyer**, *to send away, to send back*

16. **être**, *to be:* see above, Auxiliary verbs.

17. **faire**, *to do, to make*

Inf faire;   *Fut* ferai;   *Cond* ferais
Pres part faisant;   *Impf* faisais;   *Pres subj* fasse, fasses, fasse, fassions, fassiez, fassent
Past part fait;   *Compound past* j'ai fait
Pres ind fais, fais, fait, faisons, faites, font
Simple past fis;   *Impf subj* fisse

18. **falloir**, *must, to be necessary* (impersonal)

Inf falloir;   *Fut* il faudra;   *Cond* il faudrait
Pres part—;   *Impf* il fallait;   *Pres subj* il faille
Past part fallu;   *Compound past* il a fallu
Pres ind il faut
Simple past il fallut;   *Impf subj* il fallût

19. **fuir**, *to flee*

Inf fuir;   *Fut* fuirai;   *Cond* fuirais
Pres part fuyant;   *Impf* fuyais;   *Pres subj* fuie, fuies, fuie, fuyions, fuyiez, fuient
Past part fui;   *Compound past* j'ai fui
Pres ind fuis, fuis, fuit, fuyons, fuyez, fuient
Simple past fuis;   *Impf subj* fuisse

Similarly: **s'enfuir**, *to flee, to escape*

20. **gésir**, *to lie*

Inf gésir;   *Fut* — *Cond* —
Pres part gisant;   *Impf* gisais;   *Pres subj* —
Past part —;   *Compound past* —
Pres ind —, —, gît, gisons, gisez, gisent
Simple past —;   *Impf subj* —

21. **haïr**, *to hate*

Inf haïr;   *Fut* haïrai;   *Cond* haïrais
Pres part haïssant;   *Impf* haïssais;   *Pres subj* haïsse, haïsses, haïsse, haïssions, haïssiez, haïssent
Past part haï;   *Compound past* j'ai haï
Pres ind hais, hais, hait, haïssons, haïssez, haïssent
Simple past haïs;   *Impf subj* haïsse

22. **lire,** *to read*

Inf lire;   *Fut* lirai;   *Cond* lirais
Pres part lisant;   *Impf* lisais;   *Pres subj* lise, lises, lise, lisions, lisiez, lisent
Past part lu;   *Compound past* j'ai lu
Pres ind lis, lis, lit, lisons, lisez, lisent
Simple past lus;   *Impf subj* lusse

23. **mettre,** *to put*

Inf mettre;   *Fut* mettrai;   *Cond* mettrais
Pres part mettant;   *Impf* mettais;   *Pres subj* mette, mettes, mette, mettions, mettiez, mettent
Past part mis;   *Compound past* j'ai mis
Pres ind mets, mets, met, mettons, mettez, mettent
Simple past mis;   *Impf subj* misse

Similarly: **admettre,** *to admit;*   **démettre,** *to dislocate;*   **omettre,** *to omit;*   **permettre,**
    to permit;   **promettre,** *to promise;*   **remettre,** *to put back, to give to*

24. **mourir,** *to die*

Inf mourir;   *Fut* mourrai;   *Cond* mourrais
Pres part mourant;   *Impf* mourais;   *Pres subj* meure, meures, meure, mourions, mouriez,
    meurent
Past part mort;   *Compound past* je suis mort
Pres ind meurs, meurs, meurt, mourons, mourez, meurent
Simple past mourus;   *Impf subj* mourusse

25. **mouvoir,** *to move*

Inf mouvoir;   *Fut* mouvrai;   *Cond* mouvrais
Pres part mouvant;   *Impf* mouvais;   *Pres subj* meuve, meuves, meuve, mouvions, mouviez,
    meuvent
Past part mû (*fem.* mue);   *Compound past* j'ai mû
Pres ind meus, meus, meut, mouvons, mouvez, meuvent
Simple past mus;   *Impf subj* musse

Similarly: **émouvoir,** *to move (the emotions)*

26. **naître,** *to be born*

Inf naître;   *Fut* naîtrai;   *Cond* naîtrais
Pres part naissant;   *Impf* naissais;   *Pres subj* naisse, naisses, naisse, naissions, naissiez, naissent
Past part né;   *Compound past* je suis né
Pres ind nais, nais, naît, naissons, naissez, naissent
Simple past naquis;   *Impf subj* naquisse

27. **ouvrir,** *to open*

Inf ouvrir;   *Fut* ouvrirai;   *Cond* ouvrirais
Pres part ouvrant;   *Impf* ouvrais;   *Pres subj* ouvre, ouvres, ouvre, ouvrions, ouvriez,
    ouvrent
Past part ouvert;   *Compound past* j'ai ouvert
Pres ind ouvre, ouvres, ouvre, ouvrons, ouvrez, ouvrent
Simple past ouvris;   *Impf subj* ouvrisse

Similarly: **couvrir,** *to cover;*   **découvrir,** *to discover;*   **offrir,** *to offer;*   **souffrir,** *to suffer*

28. **plaire,** *to please*

Inf plaire;   *Fut* plairai;   *Cond* plairais
Pres part plaisant;   *Impf* plaisais;   *Pres subj* plaise, plaises, plaise, plaisions, plaisiez, plaisent
Past part plu;   *Compound past* j'ai plu
Pres ind plais, plais, plaît, plaisons, plaisez, plaisent
Simple past plus;   *Impf subj* plusse

Similarly: **déplaire,** *to displease;*   **se taire,** *to be silent* (except: **se tait,** no circumflex)

29. **pleuvoir**, *to rain* (impersonal)

Inf pleuvoir;	*Fut* il pleuvra;	*Cond* il pleuvrait
Pres part pleuvant;	*Impf* il pleuvait;	*Pres subj* il pleuve
Past part plu;	*Compound past* il a plu
Pres ind il pleut
Simple past il plut;	*Impf subj* il plût

30. **pouvoir**, *can, to be able*

Inf pouvoir;	*Fut* pourrai;	*Cond* pourrais
Pres part pouvant;	*Impf* pouvais;	*Pres subj* puisse, puisses, puisse, puissions, puissiez, puissent
Past part pu;	*Compound past* j'ai pu
Pres ind peux (puis), peux, peut, pouvons, pouvez, peuvent
Simple past pus;	*Impf subj* pusse

31. **prendre**, *to take*

Inf prendre;	*Fut* prendrai;	*Cond* prendrais
Pres part prenant;	*Impf* prenais;	*Pres subj* prenne, prennes, prenne, prenions, preniez, prennent
Past part pris;	*Compound past* j'ai pris
Pres ind prends, prends, prend, prenons, prenez, prennent
Simple past pris;	*Impf subj* prisse

Similarly: **apprendre**, *to learn, to teach;* **comprendre**, *to understand;* **s'éprendre**, *to fall in love*

32. **recevoir**, *to receive*

Inf recevoir;	*Fut* recevrai;	*Cond* recevrais
Pres part recevant;	*Impf* recevais;	*Pres subj* reçoive, reçoives, reçoive, recevions, receviez, reçoivent
Past part reçu;	*Compound past* j'ai reçu
Pres ind reçois, reçois, reçoit, recevons, recevez, reçoivent
Simple past reçus;	*Impf subj* reçusse

Similarly: **apercevoir**, *to perceive;* **concevoir**, *to conceive;* **décevoir**, *to disappoint*

33. **rire**, *to laugh*

Inf rire;	*Fut* rirai;	*Cond* rirais
Pres part riant;	*Impf* riais;	*Pres subj* rie, ries, rie, riions, riiez, rient
Past part ri;	*Compound past* j'ai ri
Pres ind ris, ris, rit, rions, riez, rient
Simple past ris;	*Impf subj* risse

Similarly: **sourire**, *to smile*

34. **savoir**, *to know, to know how*

Inf savoir;	*Fut* saurai;	*Cond* saurais
Pres part sachant;	*Impf* savais;	*Pres subj* sache, saches, sache, sachions, sachiez, sachent
Past part su;	*Compound past* j'ai su
Pres ind sais, sais, sait, savons, savez, savent;	*Imperat* sache, sachons, sachez
Simple past sus;	*Impf subj* susse

35. **suffire**, *to suffice*

Inf suffire;   *Fut* suffirai;   *Cond* suffirais
Pres part suffisant;   *Impf* suffisais;   *Pres subj* suffise, suffises, suffise, suffisions, suffisiez, suffisent
Past part suffi;   *Compound past* j'ai suffi
Pres ind suffis, suffis, suffit, suffisons, suffisez, suffisent
Simple past suffis;   *Impf subj* suffisse

36. **suivre**, *to follow*

Inf suivre;   *Fut* suivrai;   *Cond* suivrais
Pres part suivant;   *Impf* suivais;   *Pres subj* suive, suives, suive, suivions, suiviez, suivent
Past part suivi;   *Compound past* j'ai suivi
Pres ind suis, suis, suit, suivons, suivez, suivent
Simple past suivis;   *Impf subj* suivisse

37. **tenir**, *to hold*

Inf tenir;   *Fut* tiendrai;   *Cond* tiendrais
Pres part tenant;   *Impf* tenais;   *Pres subj* tienne, tiennes, tienne, tenions, teniez, tiennent
Past part tenu;   *Compound past* j'ai tenu
Pres ind tiens, tiens, tient, tenons, tenez, tiennent
Simple past tins, tins, tint, tînmes, tîntes, tinrent;   *Impf subj* tinsse, tinsses, tînt, tinssions, tinssiez, tinssent

Similarly: **appartenir**, *to belong;* **contenir**, *to contain;* **obtenir**, *to obtain;* **retenir**, *to retain;* **soutenir**, *to sustain*

38. **vaincre**, *to conquer*

Inf vaincre;   *Fut* vaincrai;   *Cond* vaincrais
Pres part vainquant;   *Impf* vainquais;   *Pres subj* vainque, vainques, vainque, vainquions, vainquiez, vainquent
Past part vaincu;   *Compound past* j'ai vaincu
Pres ind vaincs, vaincs, vainc, vainquons, vainquez, vainquent
Simple past vainquis;   *Impf subj* vainquisse

Similarly: **convaincre**, *to convince*

39. **valoir**, *to be worth*

Inf valoir;   *Fut* vaudrai;   *Cond* vaudrais
Pres part valant;   *Impf* valais;   *Pres subj* vaille, vailles, vaille, valions, valiez, vaillent
Past part valu;   *Compound past* j'ai valu
Pres ind vaux, vaux, vaut, valons, valez, valent
Simple past valus;   *Impf subj* valusse

40. **venir**, *to come*

Inf venir;   *Fut* viendrai;   *Cond* viendrais
Pres part venant;   *Impf* venais;   *Pres subj* vienne, viennes, vienne, venions, veniez, viennent
Past part venu;   *Compound past* je suis venu
Pres ind viens, viens, vient, venons, venez, viennent
Simple past vins, vins, vint, vînmes, vîntes, vinrent;   *Impf subj* vinsse, vinsses, vînt, vinssions, vinssiez, vinssent

Similarly: **devenir**, *to become;* **prévenir**, *to warn;* **revenir**, *to come back;* **se souvenir de**, *to remember*

41. **vivre**, *to live*

Inf vivre;   *Fut* vivrai;   *Cond* vivrais
Pres part vivant;   *Impf* vivais;   *Pres subj* vive, vives, vive, vivions, viviez, vivent
Past part vécu;   *Compound past* j'ai vécu
Pres ind vis, vis, vit, vivons, vivez, vivent
Simple past vécus;   *Impf subj* vécusse

42. **voir**, *to see*

Inf voir;   *Fut* verrai;   *Cond* verrais
Pres part voyant;   *Impf* voyais;   *Pres subj* voie, voies, voie, voyions, voyiez, voient
Past part vu;   *Compound past* j'ai vu
Pres ind vois, vois, voit, voyons, voyez, voient
Simple past vis;   *Impf subj* visse

Similarly: **prévoir**, *to foresee;*   **revoir**, *to see again*

43. **vouloir**, *to want, to wish*

Inf vouloir;   *Fut* voudrai;   *Cond* voudrais
Pres part voulant;   *Impf* voulais;   *Pres subj* veuille, veuilles, veuille, voulions, vouliez, veuillent
Past part voulu;   *Compound past* j'ai voulu
Pres ind veux, veux, veut, voulons, voulez, veulent;   *Imperat* veux, voulons, voulez (all rare) *or* veuille, veuillons (rare), veuillez
Simple past voulus;   *Impf subj* voulusse

Vocabulary—

French-English

(s')abattre to alight; swoop down; land
(s')abîmer to spoil, deteriorate
(d')abord first
aborder to land; approach; tackle
abri *m.* shelter
accabler to overwhelm, crush
accord *m.* agreement
   être d'— to agree
acheter to buy
achever to complete, finish
acquérir to acquire
actualité *f.* current event
   subjet d'— subject of current concern
adoucir to soften
affaire *f.* affair, business, bargain
affliger to afflict, pain, grieve
affreux, -euse ugly, hideous
(s')agir (de) to be a question (of)
agiter to shake
aile *f.* wing
ailleurs elsewhere
   d'— moreover; in other respects
ainsi thus
ajouter to add
Allemagne *f.* Germany

aller to go
   — bien à to look good on
   s'en — to go away, leave
allure *f.* rhythm, speed
   à toute — at top speed
amant *m.* lover
amateur *m.* amateur, enthusiast, devotee
âme *f.* soul
an *m.* year
ancien, -ne old; former
âne *m.* donkey, ass
Angleterre *f.* England
angoisse *f.* anguish
animateur, -trice *m./f.* moving force, guiding spirit
anneau *m.* ring
année *f.* year
(s')apaiser to appease, satisfy
(s')apercevoir to perceive
appartenir to belong
appeler to call
   s'— to be called, named
apporter to bring
apprendre to learn; teach
appuyé, -e stressed, emphasized
après after
   d'— according to

arbre *m.* tree
argent *m.* silver; money
arracher (à) to snatch, grab (from)
(s')arrêter to stop, arrest
arriver to arrive; happen
— **à** + *inf.* to succeed in
assez enough; rather
assister (à) to attend
atelier *m.* studio, workroom
attendre to expect, wait for
attraper to trap, catch, catch hold of
attrister to sadden
aucun, -e no (one), none
au-delà de beyond
au-dessous de below, underneath, under
au-dessus de above, on top of
auprès de near
aussitôt immediately
— **après** immediately after
— **que** as soon as
autant as much
d'— plus . . . que all the more . . .
since
autrui others, other people
avant (de/que) before
aveugle blind
avion *m.* airplane
avis *m.* opinion, advice, warning
aviver to revive, stir up
avocat *m.* lawyer
avouer to confess, admit, acknowledge

B

bâiller to yawn
baisser to lower
bas, basse low
à voix —se in a low voice
en — downstairs
basse-taille *f.* bass-baritone voice
bateau *m.* boat
beau-père *m.* stepfather; father-in-law
besogne *f.* task, work, job
besoin *m.* need
bêtise *f.* stupidity; absurdity
beurre *m.* butter
bibliothèque *f.* library
bientôt soon
bière *f.* beer
billet *m.* ticket
blanc, blanche white

blesser to wound
blessure *f.* wound
boire to drink
bois *m.* wood; woods
boiter to limp
bonheur *m.* happiness
bonté *f.* goodness; bounty
bouger to move
boulanger *m.* baker
bout *m.* end; bit, fragment, scrap
brave fine, brave, good
bredouille empty-handed
bref, brève short
brevet *m.* certificate, patent, title
brièvement briefly, shortly
briller to shine
(se) briser to break
brouillé mixed-up, confused
brouter to graze
bruit *m.* noise
brûler to burn
brusquement quickly
bureau *m.* office; desk
— **de tabac** tobacco shop
but *m.* end, purpose, goal

C

cabaretier *m.* tavern-keeper, innkeeper
cacher to hide
cadeau *m.* gift
café *m.* coffee
caillou *m.* pebble
calcul *m.* calculation
camarade *m.* comrade, friend
camper to draw, fix, delineate
car for, because
carrière *f.* career
carte *f.* card
cas *m.* case, circumstance
faire — de to value, have a high
opinion of
casquette *f.* cap
casser to break
cauchemar *m.* nightmare
causer to cause; chat
céder to yield, give in to, part with
célèbre famous, celebrated
cerveau *m.* brain, intellect
changement *m.* change
chansonnier *m.* song writer; songbook

chant *m.* song
chapon *m.* capon (castrated rooster)
chaque each
charbonnier *m.* charcoal-burner; member of the Carbonari
charger to load, fill
charnière *f.* hinge
chasser to drive away, banish; hunt
chat *m.* cat
chef-d'œuvre *m.* masterpiece
chemin *m,* road, route, way
cheminée *f.* fireplace, chimney
chevet *m.* head (of a bed)
cheveux *m.pl.* hair (of head)
chien *m.* dog
choisir to choose
choix *m.* choice
chronique *f.* (news) article
cicatrice *f.* scar
ciel *m.* heaven, sky
cœur *m.* heart
coin *m.* corner
col *m.* collar
colère *f.* anger
collectionneur *m.* collector
coller to paste, stick
collier *m.* necklace
comique *m.* comic
complément *m.* object (*gram.*)
compter to count
conclure to conclude
conduire to drive; lead
conduite *f.* conduct, behavior
conforme conformable, suitable
conformément (à) in accordance (with)
confus, -e confused, embarrassed
congrûment appropriately, adequately
connaître to know
connu, -e known
conquérir to conquer
conquête *f.* conquest
conseil *m.* advice
conseiller to advise
consolateur *m.* consoler, comforter
construire to build, construct
conte *m.* tale, short story
contemporain *m.* contemporary
contenir to contain
conter to tell (a story)
contestation *f.* dispute, argument
contre against
contredire to contradict
convenir to agree; suit

corps *m.* body
côté *m.* side
  de tous —s on all sides, in all directions
cou *m.* neck
coucher *m.* night's lodgings; act of going to bed; bedding
(se) coucher to go to bed
coucou *m.* cuckoo
coupable guilty
couper to cut
cour *f.* court; courtyard
courir to run
couronne *f.* crown
couteau *m.* knife
coutelas *m.* cutlass
craindre to fear
créer to create
crétin *m.* idiot, dope
crever to burst; die
croire to believe
croître to grow
culotte *f.* breeches, trousers

D

daigner to deign, condescend
davantage more
débarquement *m.* disembarcation, landing
(se) débarrasser (de) to get rid (of)
déchirer to tear
décourageant, -e discouraging
décousu, -e incoherent, disconnected
découvrir to discover
décrire to describe
déçu, -e disappointed; deceived
dedans inside
  là-— (in) there
défaillir to weaken, fail
défaite *f.* defeat
défaut *m.* fault
défendre to forbid
défi *m.* challenge
(se) défiler to march past; dodge; clear out
dégoût *m.* disgust
dehors outside
  en — de outside of; not counting
déjà already
déjeuner to have breakfast or lunch
demain tomorrow
(se) démettre to dislocate

demeurer   to live, inhabit; remain
démit   *see* démettre
dent *f.*   tooth
dénuer   to divest, strip
(se) dépêcher   to hurry
dépense *f.*   expense
dépenser   to spend
déplaire   to displease, offend
déployer   to stretch, unfold, open up
depuis   since
déranger   to disturb
(se) dérouler   to unfold, develop; occur
derrière   behind
dès (que)   as soon (as)
— lors   ever since, from that time on
désagrément *m.*   inconvenience, annoy-
    ance
(se) désespérer   to despair
désespoir *m.*   despair
dessous   below
dessus   above
destin *m.*   destiny
détourner   to turn aside
devant   in front of
deviner   to guess
devoir *m.*   duty; homework
devoir   to have to, must
digérer   to digest
(se) disputer   to fight (over)
disque *m.*   (phonograph) record, disc
distinguer   to perceive, to make out
dit *m.*   maxim, saying
dogue *m.*   large watchdog
doigt *m.*   finger
doléance *f.*   complaint, grievance
domestique *m./f.*   servant
dormir   to sleep
doucement   softly, quietly
douleur *f.*   grief
douter   to doubt
    se — que   to suspect that, imagine that
doux, douce   soft, gentle, sweet
douze   twelve
drapeau *m.*   flag
dresser   to draw up
droit *m.*   right
    avoir — (à)   to have a right (to)
durant   during

E

écart *m.*   deviation; flight (of imagina-
    tion)

échafaud *m.*   scaffold
échapper (à)   to escape (from)
    s'— (de)   to escape (from)
échelle *f.*   ladder; scale
échouer   to fail
éclat *m.*   burst, flash; brilliance
éclatant, -e   brilliant, dazzling, colorful
éclater   to split, burst
    — de rire   to burst out laughing
écraser   to crush
écrivain *m.*   writer
effet *m.*   effect
effrayer   to frighten
également   equally; also
égarer   to lead astray
    s'—   to get lost
église *f.*   church
(s')élancer   to soar; hurl oneself
(s')élever   to arise
(s')éloigner   to move off, move away,
    withdraw
embrasser   to kiss, embrace
émerveiller   to amaze
émouvoir   to move, stir up, affect, touch
empêcher   to prevent
emporter   to carry away, take away
(s')empresser   to be eager, hasten; be
    prompt
emprunter (à)   to borrow (from)
ému, -e   moved, touched
encore   still, yet; again
endormir   to put to sleep
    s'—   to go to sleep
enfin   finally; after all; well anyhow
enfreindre   to infringe; break
(s')engager   to begin, start, get going;
    be involved
engendrer   to cause, engender
engourdi   numb
ennuyer   to annoy, bother
    s'—   to be bored, get bored
enseigner   to teach
ensuite   then, afterward
entendement *m.*   understanding, judg-
    ment
entendre   to hear; understand
entraîné, -e   carried away, enraptured
envahir   to invade
envie *f.*   envy; desire, wish
    avoir — de + *inf.*   to feel like + *ge-
    rund*
envoyer   to send
épater   to astound, astonish, startle
épaule *f.*   shoulder

éperdu, -e frantic
épouser to marry
épouvanter to terrify, frighten
époux *m.* husband
(s')éprendre (de) to fall in love (with)
épreuve *f.* proof; test, trial, ordeal
éprouver to feel, experience; suffer
ériger to erect
escalier *m.* staircase
esclave *m.* slave
Espagne *f.* Spain
espèce *f.* kind, sort
espoir *m.* hope
esprit *m.* spirit, mind
  perdre l'— to go mad
essayer to try
établir to establish
état *m.* state
éteindre to put out, extinguish
étendre to stretch, spread, extend
  s'— to go out, die down, stop
étendue *f.* extent, expanse
étincelant, -e glowing
étoile *f.* star
étonner to astonish, amaze
étrangler to strangle
éveiller to awaken, arouse
événement *m.* event
éviter to avoid
exemplaire *m.* copy
exercer to exert; exercise
exiger to demand, require
explication *f.* explanation
expliquer to explain
exposer to exhibit, display; expose
exprès on purpose
  tout — especially
exprimer to express

F

fâché, -e sorry; angry
fâcheux, -euse troublesome, awkward,
  difficult
facultatif, -ve optional
faible weak
faiblesse *f.* weakness
faim *f.* hunger
  avoir — to be hungry
fainéant *m.* good-for-nothing, loafer
fait *m.* act, deed; fact
falloir be necessary
fané, -e tired; withered

fantaisie *f.* fantasy, flight of fancy, whim
fantaisiste fanciful, imaginary
fastidieux, -euse tedious, dull
fatigant, -e tiring, wearisome
faut *pres. of* **falloir**
faux, fausse false, counterfeit, forged
  — -monnayeur *m.* counterfeiter
fenêtre *f.* window
fente *f.* crack, slit
fessée *f.* spanking
feu *m.* fire
fiacre *m.* cab, taxi (usually horse-drawn)
figé thick, congealed
figure *f.* face, countenance; form
fille *f.* (unmarried) girl
financier, -ière financial
finir to finish
  — par + *inf.* to end up by, finally to do
flatter to stroke, caress, pat
flatteur, -euse flattering
fleuve *m.* river
flotter to float; wave
foi *f.* faith, belief
  ma — well; to be sure; really
fois *f.* time
  à la — at the same time, simultane-
  ously
folle *see* **fou**
fond *m.* bottom, basis; heart (*fig.*)
fort, -e strong
fort very
fou, folle mad, crazy
  succès — wild success, great hit
fouetter to whip
fourmi *f.* ant
fraîcheur *f.* freshness
frais, fraîche fresh, cool
franc, franche frank, open, candid
frapper to hit, strike
fréquemment frequently
froid, -e cold
fuir to flee
funeste deadly, fatal; bad
fusée *f.* rocket
fusil *m.* rifle

G

gagner to gain, get, earn, win
gai, -e gay, lighthearted
gant *m.* glove
garder to keep, preserve
gâter to spoil, ruin

gauche left, left-hand
gêner to annoy, irritate; embarrass
génie *m.* genius
genre *m.* kind, sort; genus
  dans ton — like you
gens *m./f. pl.* people
gentil, -ille kind, nice, obliging
germe *m.* germ, seed, bud
gésir to lie
geste *m.* move, gesture
gilet *m.* vest
gisait *imp.* of **gésir**
gît *pres.* of **gésir**
glace *f.* mirror; ice
glisser to slip, glide, slide
gorge *f.* throat; bosom
gosse *m./f.* youngster, kid
goût *m.* taste
graisse *f.* grease, fat
grand'chose much
grave serious
gré *m.* liking
grimper to climb
grincer to grate, grind
gris, -e gray
gros, grosse fat, big
guère barely, scarcely
guérir to get well, heal, cure
guerre *f.* war

H

habillé dressed
(s')habiller to get dressed
habit *m.* clothing
  en — in evening wear
habitant *m.* inhabitant
(s')habituer (à) to get used (to)
*haïr to hate
*harangue *f.* speech
(se) *hâter to hasten, hurry
*haut, -e high
*hauteur *f.* height
héritier *m.* heir
heure *f.* hour
  tout à l'— a while ago
heureusement fortunately
heureux, -euse happy; felicitous, successful
hier yesterday
histoire *f.* story
hiver *m.* winter

honnêtement honorably
*honte *f.* shame
*honteux, -euse shameful; ashamed
*hors (de) out, outside (of)
hospitalier, -ière hospitable
hôte *m.* host; guest
humeur *f.* mood
humoristique humorous, comic
*hurler to howl, roar, yell

I

ignorer to be ignorant (of)
immanquablement inevitably, without fail
importer to matter; be of importance
importun, -e importunate, unwelcome; annoying
imprimer to print; impress
incendie *m.* fire
Indes *f. pl.* India
ineptie *f.* ineptitude
inonder to flood, inundate
(s')inquiéter to worry, become anxious
insensé, -e senseless, insane
(s')installer to install, seat, settle (oneself)
insuccès *m.* failure
interdire to forbid, prohibit
(s')intéresser (à) to be interested (in)
interrompre to interrupt
ironiser to speak or write ironically
irrespectueux, -euse disrespectful
irrigué irrigated

J

jaloux, -ouse jealous
jambe *f.* leg
jeune young
joli, -e pretty, nice
joliment prettily, nicely; very, awfully
jouer to play
  se — de to make light of; pay no attention to
jouet *m.* toy
jouir (de) to enjoy
jouissance *f.* enjoyment, pleasure
journal *m.* newspaper
juge *m.* judge
jurer to swear
jusqu'à up to; and even; until

juste just, good
  avoir — sujet (de) have good reason
    (to)

L

là-bas over there; down there
laid, -e ugly
laideur f. ugliness
laisser to allow, let; leave (behind)
  — tomber to drop
larme f. tear
larmoyant, -e tearful; plaintive; maudlin
lécher to lick
lecteur, -trice m./f. reader
léger, -ère light
léguer to bequeath, leave
lendemain m. next day, day after
lent, -e slow
lèvre f. lip
lieu m. place, spot
  au — de instead of
  avoir — to take place
lisière f. edge, skirt
lit m. bed
livrer to deliver
  — bataille (à) to join battle (with);
    give battle (to)
loger to live, lodge
longtemps a long time
lorsque when
loup m. wolf
lourd, -e heavy
loyal, -e honest, straightforward
loyalement honestly, sincerely
lumière f. light
  l'âge des —s the Enlightenment
lundi m. Monday

M

main f. hand
mal m. evil
  faire — à to hurt, harm
mal badly
malade sick
maladresse f. awkwardness, ineptitude
maladroit awkward
malgré in spite of
malheur m. misfortune
malin, -igne shrewd, sly

mandater to commission
manger to eat
manière f. manner
  de — que so that
manquer to lack, be lacking; miss
manteau m. coat
marbre m. (piece of) marble
marchand, -e m./f. merchant, store-
  keeper
  — de tableaux art dealer
marche f. step, walk
marché m. market; transaction; bargain
mari m. husband
mauvais, -e bad
méchanceté f. wickedness
méchant, -e bad, naughty, evil, wicked
méfiant, -e distrustful, suspicious
meilleur, -e better
  le — (the) best
même even; very; self
mendiant m. beggar, panhandler
mener to lead, conduct
mensonge m. lie
mentir to lie
mépris m. scorn
mépriser to scorn
métier m. trade
mettre to put, place
  se — à to begin
midi m. noon
mieux adv. better
  le — (the) best
mille thousand
mince thin
mine f. expression, appearance, look
moins less
  à — que unless
  du — at least
molle see **mou**
monde m. world
  tout le — everybody
mondial, -e worldwide
  guerre —e world war
monnaie f. money, coin, change
monter to go up; come up; take up
montrer to show; teach
(se) moquer (de) to make fun (of),
  tease; care nothing about
morceau m. piece; selection
morne sad, dismal, gloomy
mou, molle soft, flabby
mouillé wet
moyen m. means, method

muet, muette mute, silent
mur *m.* wall
musée *m.* museum

N

neuf, neuve new
neveu *m.* nephew
nid *m.* nest
niveau *m.* level
nocturne nocturnal
noir, -e black
nombreux, -euse numerous
notamment particularly, notably
nouvelle *f.* novella; piece of news
nu, -e naked, bare
nul, nulle no (one)
nuque *f.* nape of the neck

O

obéir (à) to obey
obtenir to obtain
occupé, -e busy
œil *m.* eye
œuvre *f.* work
offrande *f.* offering
omettre to omit
oncle *m.* uncle
onde *f.* wave
or now
(d')ordinaire ordinarily
ordonner to command, order
oreille *f.* ear
orgueil *m.* pride
orner to adorn, decorate
oser to dare
ouvrage *m.* work
ouvrir to open

P

paillasson *m.* (straw) mat, doormat
pailleté, -e shiny, spangled
paisible peaceful, calm
pansement *m.* bandage, dressing
paquet *m.* package
paraître to appear
parapet *m.* parapet (bridge railing)
parce que because

parcourir to cover (a distance)
pareil, -eille similar, like, alike; such
parent *m.* parent, relative
paresseux, -euse lazy
parfois sometimes
parole *f.* word
part *f.* part, share
  à — apart, separately, except for
  quelque — somewhere
partager to divide, share
partant therefore, consequently
parti *m.* decision, choice
  prendre — to come to a decision
partie *f.* part; game
  faire — de to be part of, belong to
partir to leave
partout everywhere
parut *passé simple of* **paraître**
pas *m.* step, pace
  mauvais — jam, tight corner
passant, -e *m./f.* passer-by
passé *m.* past
passer to pass, spend (time)
  se — to happen
pauvreté *f.* poverty; banality (fig.)
paysage *m.* scenery, landscape
peindre to paint
peine *f.* pain; trouble
  à — barely, hardly
  être la — to be worth the trouble
peintre *m.* painter
peinture *f.* painting
(se) pencher to lean
pendant during
pendre (à) to hang (from)
penser to think
pension *f.* residential hotel, boarding school, boardinghouse
percer to come through, appear; pierce
percher to perch
perdre to lose
  se — to get lost
périr to perish
personnage *m.* character
peur *f.* fear
  avoir — to be afraid
  faire — to frighten
peut-être perhaps
pièce *f.* play; coin; piece
pincettes *f.pl.* tongs
pire *adj.* worse
  le — (the) worst
pis *adv.* worse
  le — (the) worst

pitoyable full of pity; pitiable, pitiful, wretched
plafond *m.* ceiling
plage *f.* beach, seashore
plaindre to pity
plaire to please
plateau *m.* tray
pleurer to cry
pluie *f.* rain
plus more
  de — moreover
  le — (the) most
  — ... — the more ... the more
plusieurs several
plutôt rather, sooner
poche *f.* pocket; bag
poésie *f.* poetry; poem
poids *m.* weight
poil *m.* (body or animal) hair
policier *m.* detective
pont *m.* bridge
porte *f.* door
porter to carry
poser to place, put; ask (a question)
posséder to possess
poursuivre to continue, pursue
pourtant however, yet
pourvu que provided (that)
pousser to push; lead
  — un soupir to heave a sigh
pouvoir to be able
pré *m.* meadow
prendre to take
près (de) near
  à peu — approximately
  de plus — from closer up
presque almost
pressé, -e compressed; in a hurry
prêt, -e ready
prêter to lend, attribute
preuve *f.* proof; test
prévenir to notify
prévoir to foresee, predict
priser to prize, value, rate highly
prix *m.* price
procédé *m.* procedure
promener to take for a walk, drive, etc.
  se — to go for a walk, drive, etc.
promettre to promise
propre proper, appropriate, clean, decent; own
protéger to protect
publier to publish; make known
pucelle *f.* virgin

puis then
puisque since
puissant, -e powerful

Q

quand when
quant (à) as (for), in regard (to)
quart *m.* quarter
quelque(s) some, a few
  avoir — chose to be sick; to have something the matter
quelquefois sometimes
querelle *f.* quarrel
quinze fifteen
quitter to leave
quoique although

R

raconter to tell (a story)
ramener to bring back
ramper to climb; crawl
rang *m.* rank; row
(se) rappeler (que) to remember (that)
rapporter to report, recount; bring back
  s'en — à to rely on
rassurer to reassure
rater to miss, fail, miscarry
réagir to react
recherché, -e exquisite, elaborate; affected
récit *m.* story
réclamer to clamor for, ask for insistently
recommander to recommend, commend; advise, instruct
recueil *m.* collection
redoutable formidable, redoubtable
réfléchir to reflect, think
regarder to look at
régler to regulate, settle; rule
regretter to be sorry; miss
rein *m.* kidney
  les —s loins; back
religieux, -euse *m./f.* monk; nun
remercier to thank
remplacer to replace
remporter to win, carry off
rencontrer to meet, encounter, bump into
se rendormir to go back to sleep

rendre to render, give back
  se — à to go to, proceed to; yield, surrender
(se) renfler to swell up, inflate
renforcer to reinforce
(se) rengorger to strut, swagger
renseignement(s) *m.* (*usually pl.*) information
renverser to turn over, knock over; reverse
répartir to divide, separate
répartition *f.* distribution, apportionment
repas *m.* meal
repli *m.* crease, fold
  —s du cœur innermost recesses of the soul
(se) replonger to plunge back
repos *m.* rest
  en — at rest
(se) reposer to rest
reprendre to take back; repeat: take up again
  — le travail to go back to work
représentant *m.* representative
résoudre to solve, resolve
respirer to breathe
rester to remain, stay
résultat *m.* result
retenir to retain; remember; reserve
(se) retirer to withdraw, retire
retourner to return
  se — to turn around
réussi, -e successful
réussir to succeed
rêve *m.* dream
(se) réveiller to wake up
rire *m.* laugh, laughter
rire to laugh
roman *m.* novel
  — d'aventures adventure story
  — policier detective story
romancier *m.* novelist
romanesque novelistic
rossignol *m.* nightingale
royaume *m.* kindgom
ruisseau *m.* brook, stream

S

sacré, -e sacred, holy
saisir to seize, grasp
  faire — to clarify

saisissement *m.* chill, shock
saluer to greet
samedi *m.* Saturday
sang *m.* blood
satisfaire to satisfy
sauter to jump
savant, -e wise, learned, masterly
savoir to know (how)
seau *m.* bucket
secouer to shake
secours *m.* help, aid, assistance
seigneur *m.* lord, nobleman
  (le) S— (the) Lord, God
selon according to
semaine *f.* week
semblable similar, alike
sembler to seem, appear
sens *m.* meaning, sense
sensible sensitive, impressionable
sentier *m.* path
sentir to feel
seoir to suit, be becoming to
  il vous sied mal it ill becomes you
serrer to press, squeeze, clasp
  — la main (à) to shake hands (with)
servir to serve
  se — de to use
seulement only
siècle *m.* century
sied *pres. of* **seoir**
soif *f.* thirst
  avoir — to be thirsty
soigneux, -euse careful
soin *m.* care, concern
soit all right, so be it
soleil *m.* sun
solennel, -elle solemn
solive *f.* beam, rafter
sombre dark
somme *f.* sum, amount
  en — in short
sommeil *m.* sleep
  avoir — to be sleepy
songer (à) to dream, think (of), imagine
sorte *f.* manner, sort, way
  de — que so that
sortir to leave, exit
sot, sotte silly, stupid
sottise *f.* stupidity
souci *m.* worry, concern
(se) soucier de to be concerned about, to worry about
soucoupe *f.* saucer
  — volante flying saucer

soudain suddenly
soufflet *m.* slap
souffrance *f.* suffering
souffrir to suffer
soulagement *m.* relief, comfort
souligner to underline, emphasize
soupçon *m.* suspicion, doubt
soupente *f.* loft, garret
souper *m.* supper
souper to have supper
soupir *m.* sigh
soupirer to sigh
sourdement silently
sourire to smile
soutenir to support, hold up, maintain
souvenir *m.* memory
(se) souvenir (de) to remember
souvent often
souverain, -e *m./f.* sovereign
spectacle *m.* play, entertainment, show
sportif, -ive athletic, (of) sports
suffire to suffice, be enough
   suffit que it's enough that
suisse *m.* doorman
suite *f.* continuation
   tout de — right away
suivre to follow
sujet *m.* subject; reason
supplier to beseech, beg
supporter to endure, put up with
sûr, sûre sure, certain
surgir to rise, arise, appear
surmener to overwork
   se — to work too hard, overdo it
surmonter to surmount; crown; cover
surtout especially, above all
surveiller to watch over, supervise
sympathique likable, attractive

T

tabac *m.* tobacco
   bureau de — tobacco shop
tableau *m.* painting
taille *f.* stature; waist
   basse- — bass-baritone voice
(se) taire to be silent
   faire — to silence, impose silence (on)
tant so much, so many
tapis *m.* rug, carpet
teint *m.* complexion
tel, telle such, such a

téléguidé, -e remote-controlled
tellement so, so much
témoigner to bear witness, to attest
témoin *m.* witness
tendre to stretch; drape; hold out; lead
tendu, -e draped
ténèbre *f.* shade, shadow; *pl.* darkness;
   ignorance
tenir to hold
   — compagnie (à) to keep company
   (with)
tenter (de) to tempt; attempt, try
tiens! well! look here!
tiers *m.* third party; third part
tirer to draw, pull; take away
tiroir *m.* drawer
titre *m.* title
toile *f.* cloth; canvas; oil painting
toit *m.* roof
tomber to fall
tort *m.* wrong
   avoir — to be wrong
tôt soon
toujours still, always
tracas *m.* bother, confusion, bustle
traduire to translate
traîneau *m.* sleigh
traître *m.* traitor, villain
tranche *f.* slice
travail *m.* work
travailler to work
travers *m.* breadth
   à — across, through
   de — amiss, awry
traversin *m.* bolster
tremper to steep, soak, drench
triage *m.* sorting, picking out; distribution
triste sad
tromper to deceive
   se — (de) to be mistaken (about)
trop too, too much, too many
trouver to find
   se — to be; to be located
tuer to kill
(se) tut *past def. of* se taire

U

unique only, unique
usage *m.* custom, practice
utile useful

V

valoir to be worth
  — mieux to be better
vécu *past part. of* **vivre**
veiller to stay up, keep awake; watch over
vendre to sell
vendredi *m.* Friday
vénérer to venerate, respect
venir to come
vérité *f.* truth
verser to pour
vert, -e green
viande *f.* meat
vieux, vieil, vieille (*m.pl.* **vieux**) old
vif, vive keen, sharp, intense, brilliant
vin *m.* wine
visage *m.* face
vite quick, quickly
vitrine *f.* store window
vivant *m.* living being; lifetime
vivre to live

vœu *m.* vow; wish
voie *f.* way, path, road
  — lactée Milky Way
voir to see
voisin, -e *m./f.* neighbor; *adj.* neighboring
  maison —e house next door
voisinage *m.* neighborhood
voiture *f.* car, carriage
voler to fly; steal, rob
voleur *m.* thief
volontiers gladly, willingly
vouloir to wish, want
  en — à to dislike, have a grudge (against)
voyou *m.* hoodlum, juvenile delinquent
vrai, -e true
vraiment really

Y

yeux *m.pl.* eyes

Vocabulary— English-French

A

about   au sujet de, à propos de
  to talk —   parler de
  to think —   penser à
able   capable
  to be —   pouvoir
accident   accident *m.*
accuse   accuser
accomplish   accomplir
act   agir
advise   conseiller (à . . . de + *inf.*)
(be) afraid   avoir peur (de/que)
after   *prep.* après; *conj.* après que
  — all   après tout
ago   il y a + *expression of time*
agree   être d'accord (avec)
air conditioned   air-conditionné, clima-tisé
all   tout, toute; tous, toutes
  after —   après tout
  — right   soit; ça va
almost   presque
alone   seul, -e
already   déjà
also   aussi
although   bien que (+ *subj.*); quoique
  (+ *subj.*)

ambiguous   ambigu, -uë
among   parmi, entre
ancient   ancien, -ne
anguish   angoisse *f.*
answer   réponse *f.*; *v.*   répondre
ant   fourmi *f.*
any more   encore
  not —   ne . . . plus
anything   n'importe quoi, quelque chose
  not —   ne . . . rien
apartment   appartement *m.*
arrange   arranger
arrest   arrêter
  to have someone arrested   faire arrê-ter quelqu'un
art   art *m.*
  — dealer   marchand de tableaux *m.*
artist   artiste *m.*
as   comme
ask   demander (à . . . de + *inf.*)
  to — a question   poser une question
assistant   assistant *m.*
attend   assister (à)

B

badly   mal

bank banque *f.*
bare nu, -e
beautiful beau (bel), belle
because parce que
become devenir
bed lit *m.*
 to go back to — retourner au lit
 to go to — se coucher
before *prep.* avant; *conj.* avant que
 (+ *subj*); avant de + *inf.*
begin commencer (à + *inf.*), se mettre
 à (+ *inf.*)
believe (in) croire (à)
 to — in God croire en Dieu
belong to appartenir à, être à
better *adj.* meilleur, -e; *adv.* mieux
 it would be — il vaudrait mieux
 (+ *inf.*; que + *subj.*)
beyond au delà (de)
blood sang *m.*
borrow (from) emprunter (à)
bother ennuyer, inquiéter
break casser
 to — one's leg se casser la jambe
bridge pont *m.*
bring apporter
brother frère *m.*
bum mendiant *m.*
bus autobus *m.*
buy acheter
by par; en + *pres. part.*

C

can (to be able to) pouvoir
cap casquette *f.*
car voiture *f.*, auto(mobile) *f.*
career carrière *f.*
card carte *f.*
careful soigneux, -euse
 to be — faire attention (à)
cathedral cathédrale *f.*
cause causer
chance occasion *f.*
check chèque *m.*
child enfant *m./f.*
choice choix *m.*
choose choisir
church église *f.*
clean propre
clear évident, -e; clair, -e
climb monter

cold froid, -e
 to be — avoir froid
 it's — il fait froid
collection collection *f.*
come venir
 — back revenir
 — up monter
commit commettre
complex complexe
composition composition *f.*
concert concert *m.*
conquer conquérir
consequence conséquence *f.*
consequently par conséquent
considerable considérable
conversation conversation *f.*
cookbook livre (*m.*) de cuisine
costume costume *m.*
count comte *m.*; *v.* compter
 to — on compter sur
cousin cousin, -e *m./f.*
create créer
crime crime *m.*
criminal criminel *m.*
cry pleurer
cultivate cultiver
cut couper

D

dangerous dangereux, -se
date rendez-vous *m.*
daughter fille *f.*
day jour *m.*
dealer marchand *m.*
 art — marchand de tableaux
delight enchanter
detective détective *m.*
 — story roman policier *m.*
die mourir
diet régime *m.*
 to be on a — être au régime
difficult difficile
disagreeable désagréable
disappointed déçu, -e
disgust dégoût *m.*, *v.* dégoûter
display étalage *m.*
 fireworks — feu d'artifice *m.*
 — window vitrine *f.*
disturbed inquiet, -ète
dog chien *m.*
dress robe *f.*; *v.* s'habiller

drink boire
drive conduire
during pendant

E

each *adj..* chaque; *pron.* chacun, -e
earth terre *f.*
easy facile
eat manger
end fin *f.*
 to — up by doing something finir par faire quelque chose
enough assez
essay essai *m.*
evening soir *m.*
 in the — le soir
event événement *m.*
eventually éventuellement
 — to do finir par + *inf.*
ever jamais
everything tout
exclusively exclusivement
expensive cher, -ère
execute exécuter
explain expliquer
explanation explication *f.*

F

fall tomber
 to — asleep s'endormir
 to — in love tomber amoureux (de), s'éprendre (de)
famous célèbre, bien connu
fear peur *f.*; *v.* craindre, avoir peur (de)
feel *v.t.* éprouver, sentir; *v. i.* se sentir
 to — sorry (for) avoir pitié (de)
few peu
 a — quelques; *pron.* quelques-uns
fight se battre
fill (with) remplir (de)
finally enfin, finalement
 — to do finir par + *inf.*
fine fin, -e
 a — man un brave homme
 it's — weather il fait beau
finish finir, terminer
fireworks feu (*m.*) d'artifice
first d'abord; premier, -ère
floor plancher *m.*

follow suivre
food nourriture *f.*
foot pied *m.*
for *prep.* pour; depuis; *conj.* car
forbidden défendu, -e
forget oublier
forgive excuser, pardonner
 — me excusez-moi
forgotten oublié
 to be — être oublié, s'oublier
former ancien, -ne
frank franc, -che
frequently fréquemment
friend ami, -e
frightful affreux, -se
(in) front of devant
fun amusement *m.*
 to have — s'amuser
 to make — of se moquer (de)
funeral enterrement *m.*

G

garden jardin *m.*
generous généreux, -se
get obtenir
 to — upset s'inquiéter
 to — married (to) se marier (avec)
 to — rid of se débarrasser de
give donner
girlfriend amie *f.*
glass verre *m.*
glove gant *m.*
go aller
 to — away s'en aller
 to — back retourner
 to — back to work reprendre le travail
 to — in entrer
 to — out sortir
 to — to bed se coucher
grandmother grand'mère *f.*
guilty coupable

H

happen arriver, se passer
hardly guère, à peine
hat chapeau *m.*
hate détester, haïr, en vouloir (à)
hear entendre

heart cœur *m.*
  — **palpitations** palpitations de cœur
heave (a sigh) pousser (un soupir)
help aider
  I can't — thinking je ne peux pas
    m'empêcher de croire
here ici
heroine héroïne *f.*
hold tenir
  to — out tendre
home maison *f.*
  to go — rentrer
  their — chez eux
honor honneur *f.*
hope espoir *m.*; *v.* espérer
hour heure *f.*
  half-hour demi-heure
how comment
  — long? depuis quand? depuis com-
    bien de temps?
human humain, -e
hunger faim *f.*
  to be hungry avoir faim
hurt *v.t.* faire mal (à); *v. i.* avoir mal (à)

I

idea idée *f.*
  I have no — je n'en ai aucune idée
idiot idiot *m.*, crétin *m.*
imagine imaginer, se figurer
  Imagine! Figurez-vous!
imbecile imbécile *m.*
impression impression *f.*
indifferent indifférent, -e
infinitely infiniment
inspire inspirer
insult insulter
intelligent intelligent, -e
  —ly intelligemment
interested intéressé
  to be — in s'intéresser à
interesting intéressant, -e

J

jump sauter
  to — out the window sauter par la
    fenêtre
  to — off sauter de

just juste
  — as good tout aussi bon
  to have — (done) venir de (faire)

K

keep garder
know savoir; connaître

L

lady dame *f.*
  young — jeune fille *f.*
last dernier, -ère
late tard
  later (on) plus tard
lawyer avocat *m.*
lazy paresseux, -se
learn apprendre
leave *v.t.* quitter; *v.i.* partir de, sortir
  de
  to — behind laisser
less moins
let laisser
  I'll — you have it je vous le laisserai
lie mensonge *m.*; *v.* mentir
  to — down se coucher
life vie *f.*
like aimer bien; *prep.* comme
  I would — je voudrais
listen écouter
live vivre
long long, -ue; *adv.* longtemps
  how — ? depuis quand?
  no longer ne ... plus
look (at) regarder
  to — for chercher
  to — like ressembler (à)
  to — right in the eyes regarder dans
    le blanc des yeux
lose perdre
  to get lost se perdre
love aimer
lover amant *m.*
luck chance *f.*
  to be lucky avoir de la chance

M

mad fou, folle
  to be —ly in love être amoureux fou

mail courrier *m.*; *v.* poster, mettre à la poste
make faire, rendre
  to — someone do something faire faire quelque chose à quelqu'un
  to — fun of se moquer de
  that —s me sick ça me rend malade
maliciously malicieusement
manuscript manuscrit *m.*
married marié, -e
marry se marier (avec)
masterpiece chef-d'œuvre *m.*
matter matière *f.*
  it doesn't — to me ça m'est égal
maybe peut-être
meal repas *m.*
meaning sens *m.*
  to have no — n'avoir pas de sens
meanwhile en attendant
meet rencontrer, faire la connaissance de
melody mélodie *f.*
member membre *m.*
memory mémoire *f.*
merchandise marchandise *f.*
miserable malheureux, -se
miss manquer (*see* § 94)
mistake erreur *f.*
  to make a — se tromper
month mois *m.*
money argent *m.*
moon lune *f.*
morning matin *m.*
much beaucoup
  not — pas grand'chose
  very — beaucoup
multiply multiplier
must (to have to) devoir, falloir

N

naturally naturellement
necessary nécessaire
  to be — falloir
need besoin *m.*; *v.* avoir besoin (de)
negligence négligence *f.*
never jamais
next prochain, -e
  — door to us à côté de chez nous
nobody personne
noon midi *m.*
nothing rien
notice avis *m.*; *v.* remarquer

novel roman *m.*
now maintenant

O

obviously évidemment
offer offrir
often souvent
old vieux, vieille
omelet omelette *f.*
only *adj.* seul, unique; *adv.* seulement, ne . . . que
  if — si seulement
opinion avis *m.*; opinion *f.*
  in your — à votre avis
order commander
owe devoir
own *adj.* propre

P

package paquet *m.*
painting toile *f.*, peinture *f.*, tableau *m.*
palpitation palpitation *f.*
pay payer
people gens *m. pl.*
  — say on dit (que)
perceptive perspicace
permit permettre (à . . . de + *inf.*)
personal personnel, -lle
piece morceau *m.*
pierce percer
plain simple
  just — sick tout simplement malade
philosopher philosophe *m.*
philosophy philosophie *f.*
point
  there is no — (in) ce n'est pas la peine (de)
politics politique *f.*
possibility possibilité *f.*
possible possible
  it is — that il est possible que (+ *subj.*); il se peut que (+ *subj.*)
predict prédire
prefer préférer, aimer mieux
pretty joli, -e
prevent empêcher
  to — someone from doing something empêcher qq. de faire qqch.
price prix *m.*

principle   principe *m.*
profoundly   profondément
provided (that)   pourvu que
province   province *f.*
purchase   achat *m.*

Q

quantity   quantité *f.*
queen   reine *f.*
quickly   vite

R

race   race *f.*
read   lire
really   vraiment
receive   recevoir
recognize   reconnaître
refusal   refus *m.*
refuse   refuser
regret   regretter; être désolé
remain   rester
remember   se rappeler; se souvenir (de)
resemble   ressembler (à)
rest   se reposer
reward   récompense *f.*;   *v.* récompenser
rid   débarrasser
   to get — of   se débarrasser de
ridiculous   ridicule
right   droit *m.*
   to be —   avoir raison
   the — time   le bon moment
risk   risque *m.*
rocket   fusée *f.*
rug   tapis *m.*
ruin   rater; ruiner

S

sale   vente *f.*
same   même
saucer   soucoupe *f.*
   flying —   soucoupe volante
scandalous   scandaleux, -se
scarce   rare
   —ly   à peine
see   voir
seek (out)   chercher

sell   vendre
sensitive   sensible
separate   séparer
   to get —ed (from)   se séparer de
serious   sérieux, -se
servant   domestique *m./f.*
several   plusieurs
shake   agiter
   — hands with   serrer la main à
shine   briller
shirt   chemise *f.*
should   *cond. of* devoir
sick   malade
   to make someone —   rendre quel-qu'un malade
since   *prep.* depuis; *conj.* puisque
sign   signer
sing   chanter
sister   sœur *f.*
sleep   dormir
   to fall asleep   s'endormir
   to be sleepy   avoir sommeil
snatch (from)   arracher à
so   si, ainsi
   — be it   ainsi soit-il; soit
   — good   si bon
   — many/much   tant
somebody   quelqu'un
someone   quelqu'un
something   quelque chose
   — good   quelque chose de bon
soon   bientôt
sorry   désolé, fâché
   I'm —   je regrette, je m'excuse
sort   sorte *f.*
smile   sourire *m.*
species   espèce *f.*
spend   passer (time); dépenser (money)
start   commencer (à + *inf.*); se mettre
   à + *inf.*
stay   rester
steal (from)   voler (à)
still   encore, toujours
stop   s'arrêter (de)
story   histoire *f.*
   detective —   roman policier *m.*
strain   se surmener
strange   étrange, bizarre
   in a — way   d'une manière étrange
stretch   étendre
   to — out one's hand   étendre la main
street   rue *f.*

student étudiant, -e
study étudier
suburbs banlieue *f.*
suffer souffrir
sun soleil *m.*
Sunday dimanche *m.*
sure sûr, -e
surprise surprise *f.*; *v.* surprendre
surprised surpris, -e
swim nager

T

table table *f.*
  night — table de nuit
take prendre
tape recorder magnétophone *m.*
teacher professeur *m.*
tell dire
  to — a story raconter une histoire
terribly terriblement
thank remercier
then ensuite, puis, alors
theology théologie *f.*
there là, y
therefore donc
thing chose *f.*
think penser, croire
  he —s he is sick il se croit malade
  — of it pensez-y
  what do you — of it? Qu'en
  pensez-vous?
time temps *m.*, moment *m.*, heure *f.*;
  fois *f.*
  all the — tout le temps
  a long — longtemps
  at that — à cette époque
  it's not the — ce n'est pas le moment
  several —s plusieurs fois
  the first — la première fois
tired fatigué, -e
together ensemble
too trop
toy jouet *m.*
travel voyager
trip voyage *m.*
trouble peine *f.*
  What's the —? Qu'est-ce qu'il y a?
true vrai, -e
truth vérité *f.*
try essayer (de + *inf.*)

U

uncle oncle *m.*
understand comprendre
unless à moins que (+ *subj.*); à moins
  de (+ *inf.*)
unknown inconnu, -e
unpleasant désagréable
until jusqu'à + *n.*; jusqu'à ce que +
  subj.
upset troublé, -e
  to get — s'inquiéter
upstairs en haut
useful utile

V

valise valise *f.*
veil voile *m.*
very très
  — much beaucoup
view vue *f.*
villain traître *m.*

W

wait (for) attendre
wake (up) *v.t.* réveiller; *v.i.* se réveiller
walk promenade *f.*
  to go —ing se promener, faire une
  promenade
wall mur *m.*
want vouloir
watch montre *f.*
way moyen *m.*, manière *f.*
  by the — à propos
week semaine *f.*
whatever quoi que (+ *subj.*)
when quand, lorsque
wherever où que (+ *subj.*)
while pendant (que)
  — eating en mangeant
wife femme *f.*
window fenêtre *f.*
  display — vitrine *f.*
wine vin *m.*
without sans
  — knowing sans savoir
woman femme *f.*
wonder se demander

wonderful merveilleux, -se
work travail *m.*; *v.* travailler
workshop atelier *m.*
wrap envelopper; faire un paquet
write écrire
wrong tort *m.*
  to be — avoir tort
  the — book le mauvais livre
  from the — angle du mauvais côté

Y

year an *m.*, année *f.*
yet encore, toujours, pourtant
  and — et pourtant
  not — pas encore
young jeune

Index